发展航天事业
建设航天强国

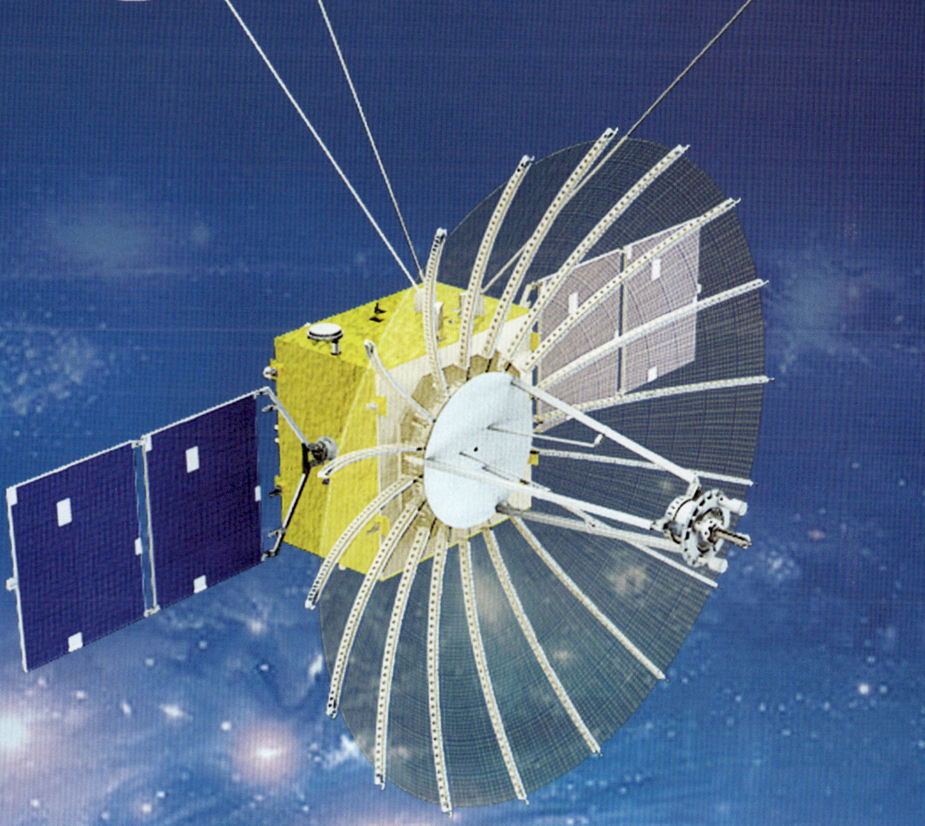

习总书记航天寄语

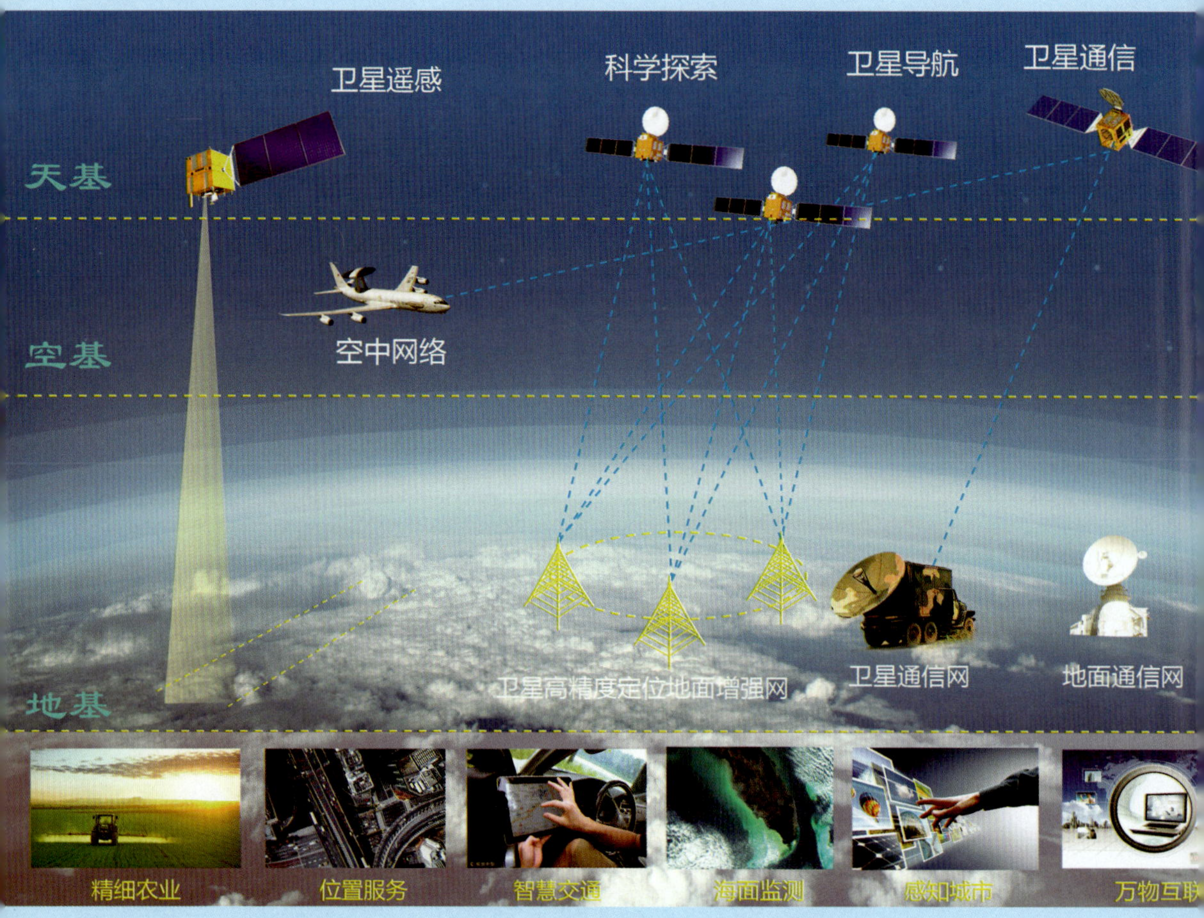

天地一体化商业航天大有作为

1 2
3 4
5
6

图 1：长征 6 号
图 4：长征 11 号
两款应用于商业航天的新型火箭

商业航天风起云涌

长征 2 号 F 火箭在酒泉卫星发射中心成功发射

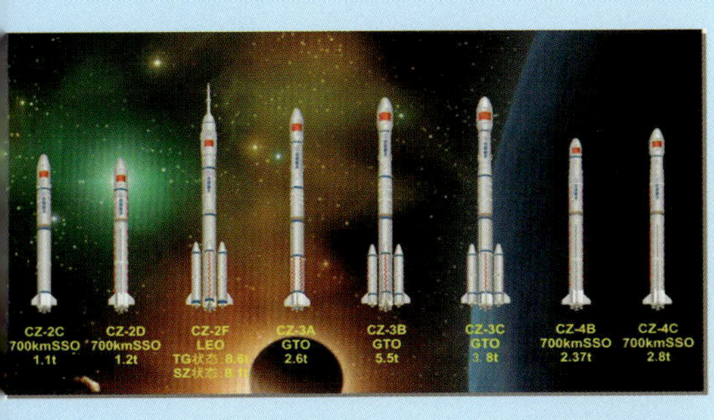

从下到上：长征 7 号、长征 2 号丙、长征 3 号乙、长征 4 号

我国已形成进入空间系列火箭型谱

1985-10-26

中国政府宣布
向国际市场提
供发射服务

1988-11-1

获得首个商业
发射服务合同

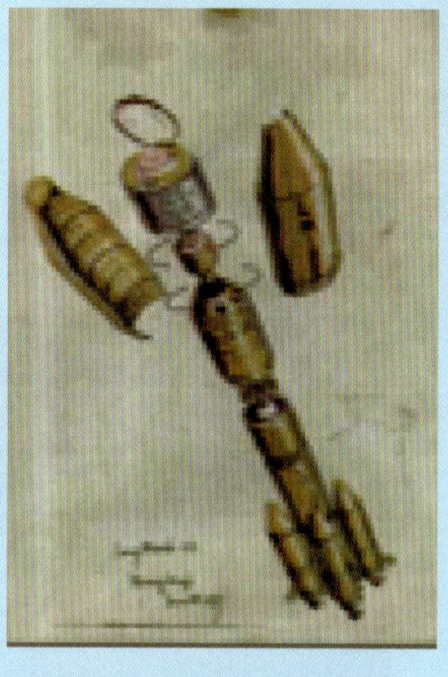

1990-4-7

首次商业发射

1999-10-14

首次发射国际
合作卫星

中国国际商业发射服务重大历程（一）

2007-5-14

首个通信卫星
在轨交付

2012-9-29

首个遥感卫星
在轨交付

2015-10-17

向国际成熟运
营商在轨交付
卫星

中国国际商业发射服务重大历程（二）

1

2 3

图 1：测控大厅
图 2：长征 2 号 F 火箭发射塔架
图 3：长征 5 号火箭发射平台

航天发射场及测控大厅

1

2

3

图 1：用户接收天线
图 2：东方红 4 号通信卫星
图 3：测控站

通信卫星广泛应用形成产业链

中国航天科技集团有限公司拟构建“16+4+4+x”高景星座，
现有 4 颗卫星在轨运行，遥感图片分辨率进入亚米时代

——高景 1 号卫星拍摄上海陆家嘴 0.5 米高分图像

北斗产业已深入民众生活，形成高价值产业链

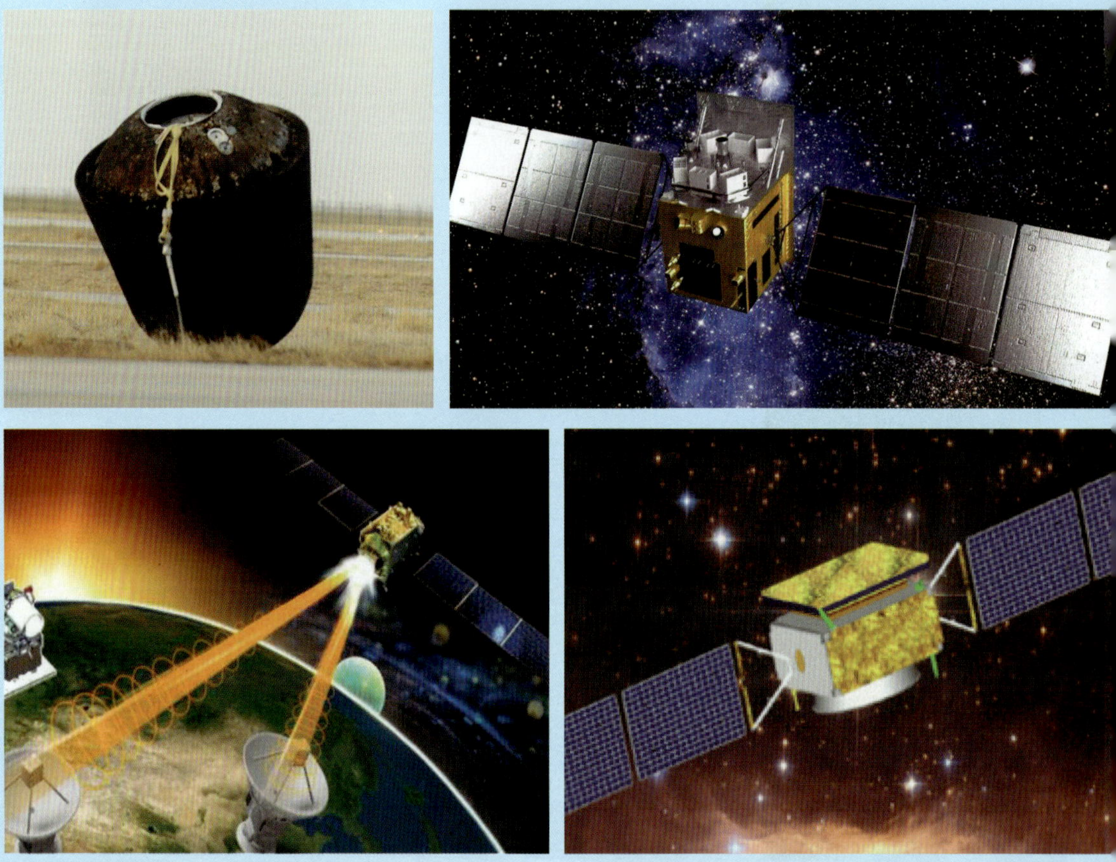

1	2
3	4

图 1：实践 10 号卫星微重力研究
图 2：HXMT 深空天体研究
图 3：墨子号量子通信研究
图 4：悟空号暗物质研究

利用空间是科学探索的有效手段

图 1：真空罐
图 2：风洞
图 3：振动台

航天需要高水平的基础设施，这些设备也可以服务社会

1

2

3

图 1：遥感技术应用于智慧城市建设
图 2：太阳翼技术应用于地面发电
图 3：气动技术应用于脱硫

航天技术的广泛应用

育种技术与航天结合扩大了产业链

促进其他国家航天应用事业发展

——老挝通信卫星地面站

致知商业航天

孙为钢　主编

中国宇航出版社
·北京·

图书在版编目(CIP)数据

致知商业航天 / 孙为钢主编. -- 北京 : 中国宇航出版社, 2018.8

ISBN 978-7-5159-1505-0

Ⅰ. ①致… Ⅱ. ①孙… Ⅲ. ①航天工业−工业发展−研究−中国 Ⅳ. ①F426.5

中国版本图书馆 CIP 数据核字(2018)第 189567 号

责任编辑　黄　莘
责任校对　王　妍　　**装帧设计**　宇星文化

出版发行　中国宇航出版社

社　址　北京市阜成路 8 号　**邮　编**　100830
(010)60286808　(010)68768548
网　址　www.caphbook.com
经　销　新华书店
发行部　(010)60286888　(010)68371900
(010)60286887　(010)60286804(传真)
零售店　读者服务部
(010)68371105
承　印　河北画中画印刷科技有限公司

版　次　2018 年 8 月第 1 版
2018 年 8 月第 1 次印刷
规　格　787×960
开　本　1/16
印　张　14　**彩　插**　16 面
字　数　201 千字
书　号　ISBN 978-7-5159-1505-0
定　价　52.00 元

本书如有印装质量问题，可与发行部联系调换

《致知商业航天》

编 委 会

序 一

自古以来，太空便是人类寄托美好希冀的地方。璀璨星空激发了无数代人的好奇与向往。伴随着这份好奇与向往，人类的航天技术不断向前发展，人类的活动范围也从地面扩展到太空。太空开拓了人们的思维方式、扩展了探索的空间，并开始为人类生活服务。太空旅游、小行星采矿、火星生存，一个个曾是遥不可及的美好愿景，随着科技发展、社会财富累积和人们对航天热情的高涨，正渐渐落实为一份份图纸和方案，越来越多的个人、私营企业愿意进入航天领域，传统的政府投入和少数大型企业承担研制的模式正在改变，商业航天可谓越来越火。

党的十八大以来，新一届领导集体对航天事业高度重视，习近平总书记多次就新形势下我国航天事业的发展作出重要指示。在深入贯彻国家军民融合发展战略的大背景下，大力发展商业航天，不仅能够促进我国航天产业的发展，还能让民众享受到航天技术进步所带来的实实在在的成果，拉近航天与广大人民群众的距离。

《致知商业航天》从历史发展观的角度，论述航天发展的历史和商业航天的趋势，思维脉络清楚。针对何为“商业航天”这个问题，本书用说词解字方式，将商业航天定义为：涉及航天领域以市场方式进行的商品交换活动。这个定义适应性非常广泛，不排除政府投资，不区分企业性质，国企、私企在市场中都应是平等的，都应按照市场规则运作，这有利于从大的范畴研究商业航天政策，清晰的概念避免了混淆误导，有利于调动整体积极性。

最值得一提的是，该书努力以理论为指导，结合航天实践，探索从航天产业链、价值链、资金链、知本链四个角度进行研究，详述了商业航天的特点，并用该视角“系统性”分析了书中界定的五大领域，为今后分析商业航天生态提供工具方法尝试，之所以称为“系统性”是缺少数据，我们应注重理论、方法，同时注重积累丰富的数据，进行系统的数量化分析。

此外，对一个产业，不仅要重视技术也要重视管理。本书不仅强调科学技术，同样也重视航天在管理上取得的经验，对航天的质量问题、双五条归零标准、系统工程管理等做了介绍，这些都是中国航天对惨重失败的经验总结，是保证成功的法宝。

相信《致知商业航天》一书会对未来我国商业航天政策的制定与执行产生有价值的思考，同时对无论是否了解航天的读者都具有学习参考价值。

2018年6月

序 二

当前，航天产业越来越受到各国政府的重视，它们不断出台新的政策，鼓励和支持航天产业的发展。受益于此，全球航天产业的规模持续扩张，商业航天已成为带动全球航天经济增长的重要引擎。我国的航天事业与欧美国家大约同时起步，但商业航天却起步较晚，发展环境与欧美尚有一定差距。

航天发展至今，航天技术愈发成熟，航天的产业价值也受到了更多的重视。商业航天逐渐走入公众视野，成为各界人士热议的话题。当前，我国正处于从航天大国向航天强国迈进的重要战略机遇期，深入贯彻落实国家军民融合战略，实现航天强国建设目标，积极推动发展商业航天，成为一条可行之路。发展商业航天，不仅要加强生产制造和科技创新等硬实力，还要着力提升航天软实力，而商业航天政策、规范、标准以及相关著作，就是航天软实力的重要衡量标准之一。然而，目前由一线航天专家撰写的商业航天著作可谓凤毛麟角。

《致知商业航天》一书的出版恰逢其时，本书从航天发展史、商业航天概念和范畴进行论述，以期知其然也知其所以然。本书以我国商业航天发展现状及前景为主要研究对象，在总结全球商业航天发展现状的基础上进行提炼和拔高，在理论和实践相结合的基础上阐述了商业航天的内涵。本书以商业航天为主要内容，覆盖了商业航天活动可能涉及的所有环节。其中，商业航天概念、中国商业航天策略以及各链条的分析方法，均是全书的亮点。本书主编孙为钢曾任中国航天科技集团公司总工程师，担任长征五号、长征六号火箭等工程总师，现任中国航天科技集团有限公司科技委副主任，本书内容充分体现了我国一线航天专家对商业航天的最新思考，对于我国政府制定商业航天政策以及航天从业人员具有重要的借鉴意义。

在商业航天这个大潮中，本书的作者们以其敏感性、积极的态度和解放的思考，对航天知识和航天技术发展作了至简的普及，对商业航天的未来发展以及政策进行了前瞻性的探究，是对中国航天事业进行了一次既深刻又开放的思考，是对中国如何更好发展航天的求索和建言。

在此，热烈祝贺《致知商业航天》一书的出版，相信本书不仅对我国商业航天的发展具有较高的参考价值，而且对我国商业航天政策的制定与完善具有重要的推动作用。

2018年6月

前言

“致知”出自《礼记·大学》，“正心、诚意、格物、致知、修身、齐家、治国、平天下”，其意为探究事物本质原理，从中获得透彻的知识。想在一个领域中有所作为，需要先了解该领域的来龙去脉、推究其发展原理、掌握其运行规律。

商业航天已是航天界的热门话题，国内每年都有若干著名公司组织商业航天论坛，参会人员众多、发言异常踊跃，呈现与潮流俱进之势。何为商业航天，看似是术语的解释，其实还包含了边界的界定，要在界定的边界内研究其策略，从发展历史探讨其发展趋势，这也是编写《致知商业航天》一书的目的。

本书力求涉及航天领域众多方面，从航天基本概念介绍入手，介绍了航天各个领域的发展历程及情况，解读商业航天发展现状及趋势，并构建了从其产业链、价值链、资金链、知本链四个角度进行分析的认知角度和理论体系，该分析方法贯穿全书，使读者对航天领域得以形成较完整的认识。本书还充分吸取国外商业航天发展的有益经验，并结合我国自身的航天实践，在各领域提出了相应的策略及思考。虽然受我们认知水平的限制，涉及航天的方面依然不全、深度不够，并且由于统计口径不同，或者数据统计不全等原因，数据真实性难免有所出入，但仍不失为一种认知，可供各位读者拓展思路之用。

本书拟通过与航天领域的从业人士、商业航天企业家以及航天爱好者共同探讨商业航天的本源、分析其发展的客观规律，从而达到“致知”的目的。希望有志于商业航天领域的朋友可以通过本书加深对商业航天的了解，及时把握市场规律，洞悉时机，选择适宜自身的战略方向，同时苦练内功，“修身、齐家”，最终在商业航天大潮中有所作为，在该领域“治国、平天下”，为实现人类探索浩瀚星空的美好夙愿添砖加瓦，为航天造福人类作出贡献。

感谢为中国航天事业发展作出贡献的每一位航天人，感谢持续关注、热爱中国航天的企业家及航天爱好者；感谢为本书提供支持和指导的多位专家，感谢编写组同志的辛勤努力。中国商业航天的发展离不开大家的共同努力，期盼我国建立有利于商业航天发展的新态势和“生态圈”，祝中国航天事业越来越辉煌。

目 录

第一章　风起云涌的商业航天

近年来，随着航天技术的普及和应用越来越广泛，科技水平日新月异，使航天的准入门槛不断下降，越来越多的国家和企业开始探索进入航天领域，商业航天发展方兴未艾，各类商业航天活动空前活跃。在商业航天持续发展的大潮下，新的航天技术产品不断涌现，美国太空探索技术公司（SpaceX）的猎鹰火箭实现了天地往返回收、可重复使用、重型运载携带马斯克 Tesla 跑车奔向辉煌，毕格罗公司研制了充气式空间站，一系列创新技术不断将过往人类的想象转化为现实，在探索浩瀚宇宙的路上不断跨越；新兴商业航天企业快速崛起，国内外多家民营公司均发射了自己的卫星，覆盖从低轨到高轨多个轨道，涉及通信、遥感、科学试验等多个领域；发展航天的新兴国家数量不断增加，航天产值持续上升。

无论从技术领域还是从资本领域来看，“航天”概念都是热点话题，被炒得非常火热。商业航天的兴起似顺应历史的潮流，又似热浪般席卷全球。为何要发展商业航天，可以说这是航天发展的必然，也是航天大有发展前景的写实，通过回顾航天发展历程，对历史进行辩证地分析，就更能准确理解商业航天，把脉商业航天。

一、航天发展史

“航天”狭义是指人类在太空的航行活动，广义是指人类探索、开发和利用太空以及地球以外天体的活动。这些活动必须借助航天器来实现[①]。

我国航天的奠基人、著名科学家钱学森把人类在大气层之外的飞行活动称为“航天”，是从航海、航空“推理”而成的。人类冲出地球大气层进入宇宙空间进行活动，即宇宙航行（简称宇航），其历程可以分为两个阶段，第一阶段为航天，就是在太阳系范围内活动；第二阶段为航宇，就是冲出太阳系，进入银河系乃至河外星系活动。

众所周知，航天是一项复杂的系统工程，从历史上人类对浩瀚星空萌生憧憬与想象，到逐步开始依靠自身技术力量探索宇宙奥秘，其实“航天”是人类近百年来刚刚开始探索的新领域，一直处在一个发展的过程，同时也是一个发展的概念。

人类自古以来就有着对太空的向往，纵观中西古代神话史，各个不同的文明都表现出了对太空的思考与追逐。中国古代神话史有“夸父逐日”“嫦娥奔月”等传说；古希腊有对星座丰富的研究，充满了美丽的幻想，“飞天”成为贯穿人类文明史的一项伟大设想。

进入空间是人类实现探索宇宙的第一步，在发明进入空间工具的道路上，人类从未停止过自己的脚步。飞天，是我中华民族的千年夙愿。公元14世纪，明朝士大夫万户坐在由47个自制的火箭绑着的椅子上，想利用火箭的推力飞上天空，虽不幸身亡，却在“飞天、探天”的路上作出了重要贡献，被公认为“真正的航天始祖”。19世纪末20世纪初，在一些工业比较发达的国家涌现出许多富于探索精神的航天先驱，他们开始研究和解决航天的科学理论和工程技术问题。最早的航天计划则始

① 《国防科技名词大典》航天卷。

于第二次世界大战末期的现代火箭技术研究。二战结束时，苏联获得了德国研制 V–2 火箭的硬件设备，而德国火箭专家沃纳·冯·布劳恩后来则主导了美国国家空间计划的方向。V–2 火箭起源于毁灭性武器，却成为航天器发展的基础。

1957 年 10 月 4 日，苏联发射了世界上第一颗人造卫星，标志着航天时代的开始。4 年后，苏联航天员加加林乘坐东方 1 号飞船进入太空，开启了载人航天的新纪元。自 20 世纪 60 年代起，美、苏两国开展了太空竞赛，以倾举国之力为代价的“星球大战”，促使航天科技实现了跨越式发展。1969 年 7 月 20 日，美国航天员阿姆斯特朗和奥尔德林成功实现人类首次登月。“阿波罗”登月计划是人类历史上的伟大成就，是世界航天活动发展迄今的巅峰，带动了电子科技、材料科学等一大批技术的发展，甚至可以说“阿波罗”计划为美国的世界地位作出了不可磨灭的贡献。在这之后的十多年内，空间站和航天飞机相继出现，筑起了航天发展的重要里程碑，极大增强了人类遨游空间和探索空间的能力。

中国人作为最早的飞天实践者，发展现代航天更有由来已久的愿望。1970 年，我国成功发射第一颗人造卫星，至今研制并发射了数量庞大、种类繁多、体系完备的各类卫星。2003 年 10 月 15 日，我国首位航天员杨利伟乘坐神舟 5 号飞船飞天；此后，我国又接连取得了多人多天飞行、太空行走和空间交会对接等辉煌成就。2007 年 4 月 14 日，我国发射第一颗北斗导航卫星（M1），2007 年到 2013 年，我国先后发射嫦娥 1 号、嫦娥 2 号、嫦娥 3 号月球探测器，其中，嫦娥 3 号月球探测器实现了月面软着陆，成为我国航天史上的又一里程碑。2010 年，国务院批准启动实施高分专项，2013 年 4 月 26 日，首发星“高分 1 号”成功发射。2016 年 1 月 11 日，中国正式批复首次火星探测任务，中国火星探测任务正式立项。2016 年 9 月 15 日，天宫 2 号空间实验室在酒泉卫星发射中心发射成功。

纵观航天发展史，可以看出人类自古以来就有探索宇宙的美好愿望，并不断为之努力。真正的航天技术最早在近代起源于国防事业，真正实现跨越式发展是受益于美、苏的太空竞争。“星球大战”带来的技术进步不仅促使人类可以真正地探索浩瀚星空，同时航天的发展也正在回馈于人类社会。以“阿波罗”登月计划为代表的一批航天工程，促进了社会经济的提升，带动了电子科技、材料科学等领域的快速发展，航天技术成果的转化使人类社会受益匪浅。当前，航天仍是国防安全的战略制高点，是国家顶端科技的标志。以美国为首的传统航天国家持续加大对航天的投入，确保航天带来的技术领先和战略优势，促进基础工业的融合进步；新兴国家也纷纷进入该领域，想在国际舞台上有所作为。总而言之，随着科技的发展进步，人类越来越有能力实现远古的梦想，并持续为之奋斗；航天的战略地位越来越被各国高度重视，作为国家整体安全观的主要组成部分；航天的经济效益开始显现，被资本市场所看好，利用多元化手段开发挖掘。从航天的发展史看来，航天会持续快速发展。

二、航天版图不断扩张

随着世界各国对太空领域的不断重视，越来越多的国家进入航天领域，纵观世界航天发展进程，航天版图在多个维度上表现出不断扩张的态势。

目前全球仅有美国、俄罗斯、欧盟、中国、日本及印度具备完备的航天产业，这些国家和组织占据了将近一半的陆地面积和世界人口，是经济较为发达的地区，GDP 总量均位于世界前列。同时仍有多个国家正在或计划发展自己的航天产业，未来将有 28 个新兴国家明确计划要自主研制卫星，包括沙特、土耳其、阿根廷、阿尔及利亚、埃及、南非、尼日利亚、巴西、智利、乌克兰、印尼、哈萨克斯坦、马来西亚、新加坡、越南等。这些国家普遍拥有较大的国土面积和人口数量，经济实力和地缘环境较为稳定。从分布上看，这些计划发展航天的国家主要分布在东南亚、拉丁美洲、中东及北非，撒哈拉以南主要以西非为主。这些国家对发展航天产业有着强烈的需求。

从政府航天专项预算的角度来看，1995 年专门设有航天项目预算的国家数量是 15 个，2015 年这个数字达到了 60 个，是 20 年前的 4 倍之多。而且这一数字还将继续增长，预计 2025 年将有 80 个国家在航天项目上进行投入。在这些新增国家（截至 2015 年）中，以发展中国家居多，覆盖亚非拉多个地区。

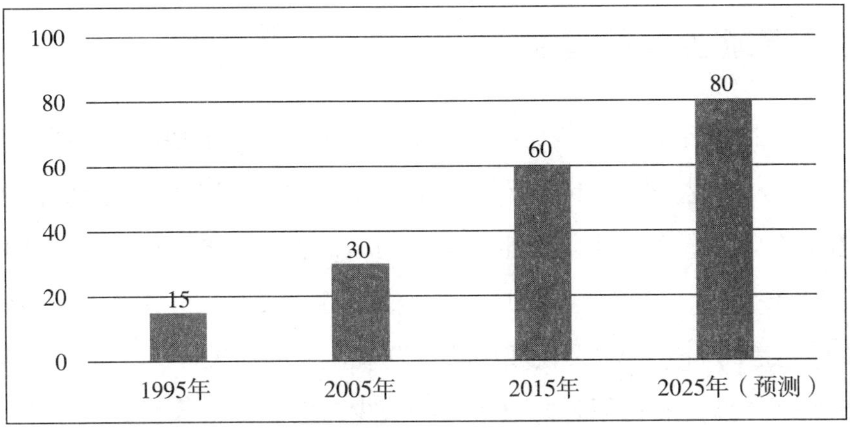

图 1–1　专门设有航天项目预算的国家数量[①]

当前，相当一部分发展中国家在尚未拥有本国航天工业体系的现实背景下，转而依靠外部力量，购置太空资产或逐步构建本土航天能力，并积极参与多边航天合作机制，以寻求更好的航天合作环境。

从国内看，航天正逐步走出传统的航天重镇，如北京、上海、西安，向长春、长沙、武汉等地区扩展。这些城市或属于地区人才中心，或有

① 数据来源：欧洲咨询报告等。

着良好的工业基础，或两者兼备。

思考全球航天版图不断扩张的原因，从内在因素看，国家经济发展促使本国发展航天事业的诉求不断突显，一方面需要通过卫星技术进行通信、国土勘测、应急处理、防灾减灾等服务国民经济建设，另一方面也需要大力发展航天技术促进国防安全；从外在环境看，传统航天可以为国家对外输出航天影响力，外国一些航天产品可像商品一样买到。

这些内外因素促使全球航天版图扩张。航天的发展和效能使一些国家和政府认识到航天的重要性而愿意对其投入。实际上，越是航天热的地方，其文化、经济、科技、金融越是相对发展快的区域。航天代表新兴高科技发展，具有带动性和示范性。

三、航天企业火热增加

进入 21 世纪以来，全球已诞生了超过 140 家由天使或风险投资支持的新兴航天企业。如图 1–2 所示，深色圈代表每年新增公司数量，在 21 世纪的前 10 年，每年平均诞生 3 家公司，而在过去 5 年间，每年平均诞生近 17 家公司。2013 年、2014 年，每年新诞生超过 20 家企业。浅色柱状显示的是同期全球航天领域风险投资规模。值得关注的是，2015 年、2016 年风险投资的初创公司数量有所减少，但投资额大增，更集中到趋于成熟的项目上。

另一方面，投资航天项目的主体也在不断扩展。从早期的政府投资的单一投资格局，演变为政府投资、企业投资、风险基金投资等各投资主体并行参与的多元格局。在商业航天版图中，企业投资和风险基金投资正呈现出上升趋势，各主要经济体中成立的风险基金也都开始了对商业航天领域的投资。特别是美国，投资于航天领域的风险基金，占全球商业航天项目投资的绝大部分。

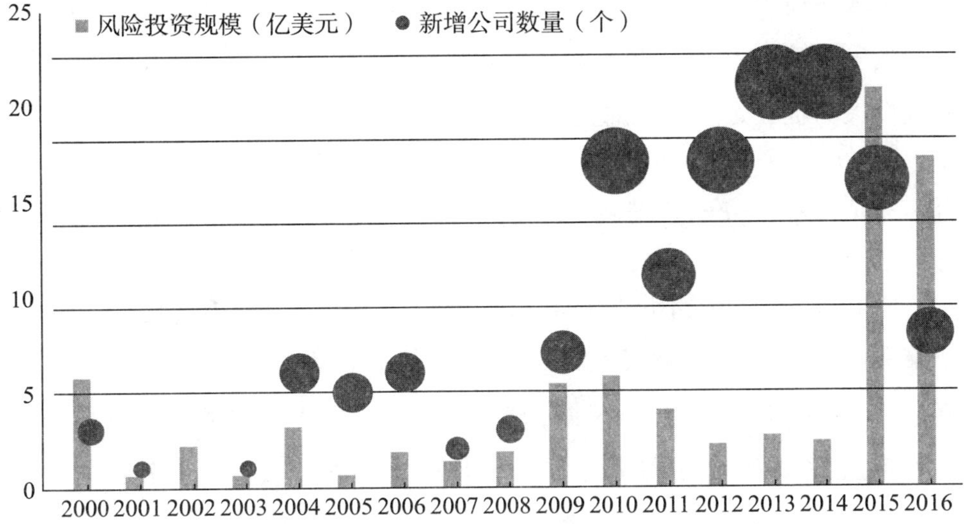

图 1–2　新兴航天企业数量及航天风险投资规模[①]

同样，在国内除中国航天科技集团有限公司作为中国航天的主力军之外，有越来越多的公司开始涉足卫星制造和运营，以及运载火箭研制等领域。无论是国营公司还是私营公司，都希望在航天领域获得发展，更希望开拓出新局面。同样，地方政府希望通过支持本地区航天发展而带动地方科技发展，众多投资公司也都看好航天发展，希望从中共同获益。

国内航天的快速发展也得到政府的积极回应。中国政府在《2016 中国的航天》白皮书中明确提出："鼓励引导民间资本和社会力量有序参与航天科研生产、空间基础设施建设、空间信息产品服务、卫星运营等航天活动，大力发展商业航天。"中国政府在商业航天领域不仅扮演着"政策制定者、行业管理者"的角色，也在积极参与到中国商业航天的发展实践当中，充当一个"市场建设者"。

可以看出，航天已从国防专用延伸到经济发展、为民服务、科学探索、

① 数据来源：Bryce 公司报告。

实现个人意愿等众多有需求的领域，在大众创业、万众创新的时代背景下，社会的宽容度更高，社会资本更加灵活宽松，经济发展带来的社会融资便捷性大为提升，个人意愿更容易实现，企业发展更有前景。

四、商业航天产值与投入加速上升

随着商业航天的不断发展，其产值也加速上升。图 1–3 比较了近 10 年来全球 GDP 和全球航天经济规模。全球 GDP 从 58 万亿美元增长至 76 万亿美元，累计增幅 31%。同期，航天经济规模从 2007 年的 2280 亿美元，增长到 2016 年的超过 3300 亿美元，增幅为 46%。从趋势上看，航天产值变化的趋势与 GDP 高度匹配，可见，航天的发展与 GDP 的变化高度相关。

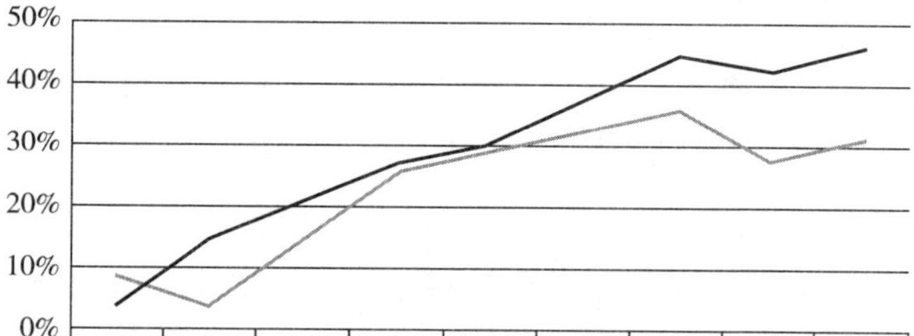

	2008	2009	2010	2011	2012	2013	2014	2015	2016
— 全球GDP较2007年变化	9%	3%	14%	26%	29%	33%	36%	28%	31%
— 全球航天经济规模较2007年变化	4%	15%	21%	27%	30%	38%	45%	42%	46%

图 1–3 全球 GDP 和全球航天经济规模[①]

根据最新版卫星产业报告（SIA），2016 年度全球卫星产业市场总收入为 2605 亿美元，较 2015 年度上涨 2%，增长较为缓慢，增速高于美国经济增速（1.6%）。与 2007 年相比，10 年间卫星产业收入翻了一番，其中地面设备制造业产值 1134 亿美元，发射服务业产值 55 亿美元，卫星制造业产值 139 亿美元，卫星服务业产值 1277 亿美元。

① 数据来源：NASA、ESA、欧洲咨询报告等。

从各个分项来看，卫星服务业占比依然保持最大，但增长非常缓慢，2015~2016 年度仅增长了 0.2%；全球对地观测和遥感服务收入表现出显著增长，增幅达 11%；地面设备紧随其后，收入大幅增长了 7%，GNSS 设备占比较大，领涨的是基于位置服务与设备的卫星导航和芯片销售收入，增速平稳且保持较高水平；网络设备略有增长。与 2015 年相比，地面设备取代卫星服务业成为全球卫星产业的最重要增长点。卫星制造业收入大幅下降了 13%，越来越少的高价值商业卫星采购造成了大幅下降。卫星发射服务业上涨了 2%，总体保持平稳。

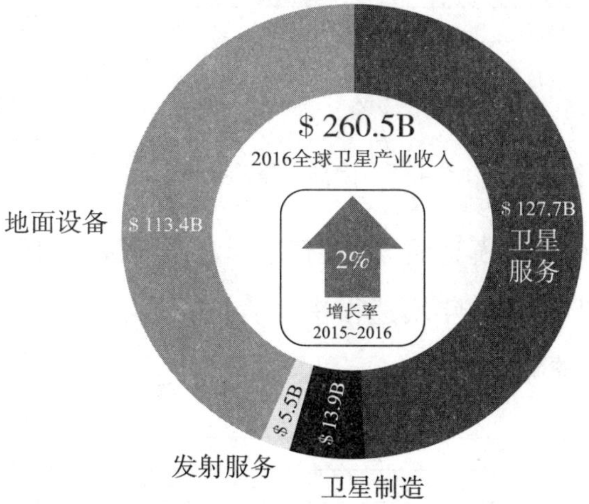

图 1–4　2016 年全球卫星产业收入[①]

此外，全球航天投资近年来也持续增长。从图 1–6 中可以看到，除美国国家航空航天局（NASA）、欧洲航天局（ESA）这些主流航天机构预算外，新兴航天国家投资增长迅猛，从 1995 年不到 300 亿美元增长到现在的 700 多亿美元，使得近 20 年全球政府投资规模实现了翻番，并长期保持在较高水平。同时，航天的回馈作用也越来越明显，稳步促进世界经济水平的提高，形成了正向反馈和良性循环。在航天领域投入得到正向回报，促进 GDP 总量提升，随着 GDP 的增加，在航天领域投入的

① 数据来源：SIA 报告（2017）。

资金也会持续增加。

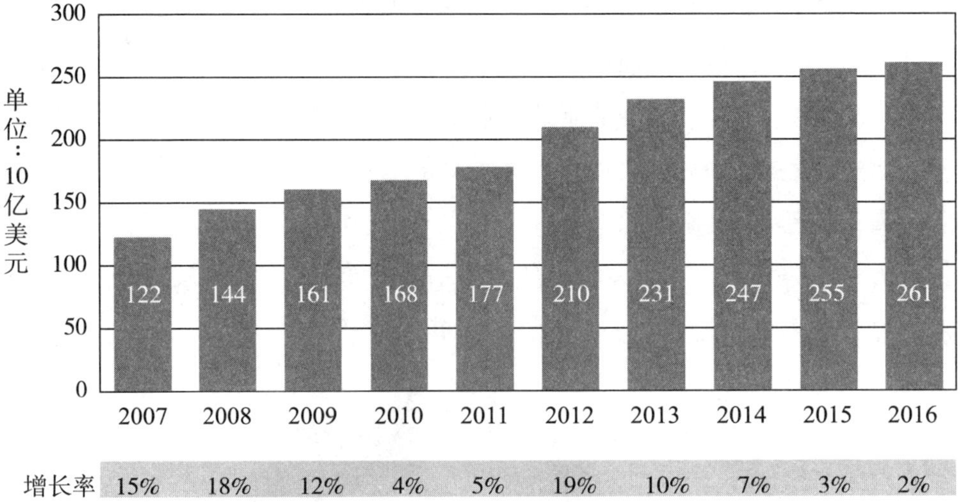

图 1–5　全球卫星产业收入[①]

2016 年，风投规模达到 20 多亿美元，虽仅占全球政府投入 700 多亿美元的 3%，但其近两年增速很快。从投资量看，商业航天绝不能把政府这个大头部分排除在外。

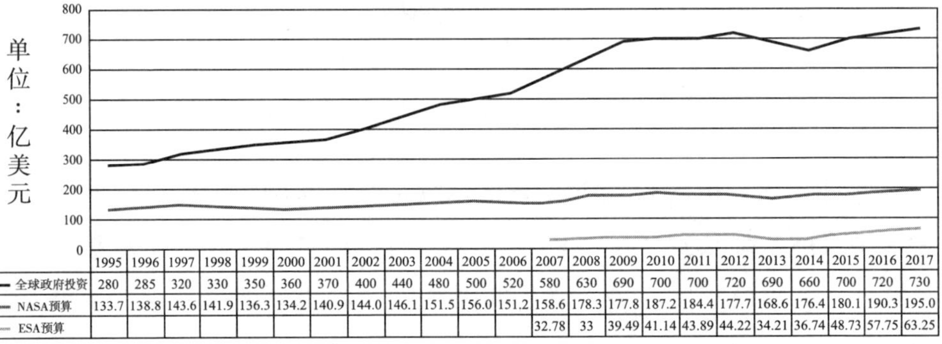

	1995	1996	1997	1998	1999	2000	2001	2002	2003	2004	2005	2006	2007	2008	2009	2010	2011	2012	2013	2014	2015	2016	2017
全球政府投资	280	285	320	330	350	360	370	400	440	480	500	520	580	630	690	700	700	720	690	660	700	720	730
NASA预算	133.7	138.8	143.6	141.9	136.3	134.2	140.9	144.0	146.1	151.5	156.0	151.2	158.6	178.3	177.8	187.2	184.4	177.7	168.6	176.4	180.1	190.3	195.0
ESA预算													32.78	33	39.49	41.14	43.89	44.22	34.21	36.74	48.73	57.75	63.25

图 1–6　航天国家政府投资情况[②]

① 数据来源：SIA 报告（2017）。

② 数据来源：NASA、ESA、欧洲咨询报告等。

随着全球经济发展，社会财富产生累积效应，风投愿意向高科技领域投入。但由于航天自身的特性，投资回报周期较长且有风险，商业航天的盈利模式还处于摸索阶段。另外，科技的普及使进入航天的门槛降低，在人类探索太空欲望以及发展航天强国和促进经济发展的愿望下，越来越多的企业进入航天领域，投入航天的资金越来越多，而航天的发展也离不开资金的支持，也需要资本有一定的抗风险能力。

总体而言，当前新增航天公司数量逐渐增多，航天从服务国防、探索太空发展到服务人类、促进世界经济增长。虽然现在航天产业的产值仅占全球 GDP 规模的 0.44%，但其增长速度高于全球 GDP 的增速，并能带动全球 GDP 增长和技术发展，而 GDP 增长也会增加对航天的投入，形成相互促进的正循环。

五、航天技术高速发展

近年来，随着微电子技术、加工制造技术、材料科学技术的高速发展，锂镁合金、纳米材料的应用愈发普遍，这些技术的发展极大促进了人类进入空间、应用空间的能力，企业可以通过市场采购获得进入空间及应用空间的必要技术和产品。此外，随着生物工程、量子物理、人工智能、3D 打印的快速发展，人类利用太空的手段也越来越丰富，探索太空的欲望愈发强烈。

航天领域科学技术高速发展，快速普及，特别是网络技术发展所带来的诸多需求，也使得航天需求随之增加，进而进一步促进航天技术的创新发展。以 SpaceX 的回收技术为代表的降低进入空间成本的技术，一网公司（OneWeb）通信卫星星座、中国航天科技集团有限公司高景商遥星座等卫星星座加速组网，模式创意层出不穷。在各航天细分领域随着技术发展，也迸发出一系列的技术创新，本章仅以几个典型案例展示当前航天领域的创新盛况。

在发射服务领域，新型的运载火箭不断涌现。各个运载火箭制造商，正在采用各种新技术和措施，优化流程，降低成本，以提供更好的服务。2016 年 4 月 9 日，SpaceX 的猎鹰 9 运载火箭在发射升空后成功实现在海上遥控船上着陆。SpaceX 预计在未来回收和再利用更多火箭，可重复使用火箭将把发射成本降低约 30%。对于客户来说，SpaceX 的运载火箭将是一个更为廉价的选择。

图 1–7　“猎鹰 9”海上回收成功

SpaceX 研制的重型猎鹰运载火箭于 2018 年 2 月 7 日成功发射，其近地轨道运载能力达 63.8 吨，地球同步轨道运载能力达 26.7 吨。火箭发射成功后，实现了对三枚一级箭体的全部回收，在拓展运载能力的同时，也降低了运载成本。

在卫星通信领域，高通量卫星成为下一代卫星通信的发展方向。根据欧洲咨询公司的预测，预计未来 3 年将有 33 颗 HTS 卫星发射，卫星宽带通信时代已经来临。高通量卫星在大容量、高灵活性、高可靠性与高可用性等方面的要求将有力促进卫星通信市场的变革。由亚太卫星控股有限公司发起成立的亚太卫星宽带通信（深圳）有限公司，将投资建设国际一流高通量宽带卫星通信系统。亚太卫星宽带通信公司还将再发射两颗高通量宽带卫星，服务于美洲地区和欧、非地区，组成全天候、安全可靠、自主可控的全球宽带卫星通信系统。

在卫星遥感领域，客户需求向高分辨率、敏捷机动、小型化、寿命更长等方向演进，雷达等观测手段需求不断增大。国际上主要遥感运营商都开始重视遥感技术与 IT 技术的结合。数字全球公司（DigitalGlobe）为提高数据销量，针对各行业开发了各种数据集，方便用户使用。此外，公司还收购了两家机器学习算法公司 Radiant Group 和 Timbr.io，将机器学习应用于图像分析，并提供给客户最终解决方案。DigitalGlobe 开发了 GBDX（地理空间大数据分析平台），基于机器学习提供空间侦测和变化监测。

在卫星导航领域，传感器数量的增多和设备数据信息的增长使“大数据”应运而生。据 GSA 最新分析，多星座接收机正在成为市场上的标配产品。

微纳卫星是近年来商业航天界关注的热点领域，其最大优势是以小成本的航天器进入太空。微小卫星从以往的技术试验为主，步入到针对一项甚至多项应用服务的发展阶段。

除了传统航天器的创新以外，太空旅游、太空实验室、太空 3D 打印等一大批新理念、新创新也涌现出来，商业航天领域也加入了新类型的飞行器。

毕格罗公司研制的充气式空间站结构被称为活动扩展模块（BEAM），可嵌入国际空间站中，成为一个私人建造的太空栖息地，为航天员提供属于私人的充气式空间站以进行生活和科研。在充气式空间站被运输至国际空间站后，航天员可激活其全部功能，为日常活动提供额外的空间。BEAM 充气式空间站使用的是非金属架构，这种材料如果可行，将对航天发展具有深远的影响。

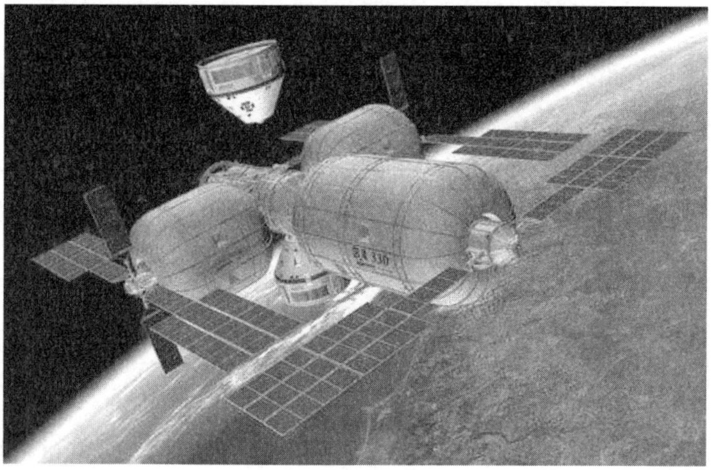

图 1-8　毕格罗公司研制的充气式空间站示意图

从众多的案例中可以看到，高速发展的科学技术和航天相融合必然给航天带来巨大的发展。因此，航天的商业市场发展也会越来越热。

六、商业航天发展趋势

从航天投资、政府航天预算、航天企业数量等角度，可以看出商业航天产值确实在不断增加，具有广阔的发展前景。这主要源于航天是高科技的象征，同时，探索宇宙奥秘也是人类千年以来的历史夙愿，航天技术的普及使得更多的企业有机会进入航天。

从航天发展历史的角度看，航天已经从特定用户需求向市场多元化需求发展；从最早的满足军事战略需要，到逐渐转化为民用，到现在全面发展满足商业市场需求；从最早的军事通信卫星技术向民用服务转化，为政府及企业、公众提供互联网接入服务，现阶段在物联网火热发展的背景下，为物联网建设和 5G 融合发展提供巨大助力。军事侦察卫星的遥感技术不断向市场化演进，广泛应用于国土勘测、天气预报、海洋监测、应急处理、防灾减灾等重要领域，更是在矿产、资源勘查等商业领域跨越发展；运载火箭从导弹专属技术向低成本进入空间发展，满足市场的各种需求。

从产业投入的角度看，航天领域的资金投入已经从由国家投入向国家、市场共同投入转变，并且投入产出比越来越大。由于航天的高投入和高风险，以及航天回报周期长，过去航天领域的投资主要来自政府。然而，随着社会发展，财富累积效应使投资主体越发多元化，手段也越发丰富，风险投资、债券融资、公开募股、私募投资、种子基金以及众筹等投融资模式在初创航天领域频繁应用，使航天融资渠道多样化。

从技术发展的角度看，航天科技从技术专属向引领社会科技发展转变，与其他跨领域学科融合发展。航天技术的跨越式发展来自冷战期间的太空竞赛。然而，随着航天技术的转化和对相关学科的促进作用，航天对社会科技的引领促进作用日益显现，同时，跨学科领域的技术发展和应用，又能促进航天的进步，形成正向的回馈。

从制造企业的角度看，少数掌握航天技术的企业向大学和其他企业进行扩散。航天最早为政府和军方主导的项目，有少数企业在国家的扶持下克服技术难关进行研制，遇到技术困难时，政府会动用国家的力量全力安排解决。随着科技发展，一些大学最先利用掌握的技术进入航天器制造产业，例如英国萨里大学、中国哈尔滨工业大学等，现在有更多的企业进入航天制造业，积极作为，也带来了航天新活力。

从全球化的角度看，商业化是一种必然的趋势。航天是高技术领域，又涉及国防，受到严格的国家管控，也正因如此，在航天领域的国际合作有利于加深国家间的关系，所以，选择一些航天项目开展国际合作更受国家重视，如美国在空间站建设上进行了国际合作。中国和巴西在 1988 年就开展合造卫星，被称为“南南合作”的典范。全球化使得全球联系不断增强，各领域的融合交流不断加深。航天从原来的国家垄断，在全球化发展的浪潮下，逐渐走上了合作的道路。建立联合实验室、促进技术交流等，极大促进了全球航天技术的进步。下一步为了形成相应能力更强、服务水平更高的航天技术实力，商业化成为一种必然趋势。借助全球化的东风，以商业行为打破国与国之间的壁垒，建立商业利益共同体，在国际上形成产品市场化、技术专利市场化，同时带动星座组网等。

综上所述，可以看到人类进入 21 世纪，航天不仅服务于国防，而且在造福人类方面作出了突出贡献；不仅是科技前端的探索，而且人类在探索中受益；航天技术不仅在普及，而且被需求推动发展。国家、企业、大众被航天的广阔前景所吸引，愿意为此付出并从中获得收益，越来越多的需求指向航天，越来越多的企业愿意投入航天，航天界的风起云涌预示着商业航天的春天到来，预示着航天市场走向成熟，商业航天将瓜熟蒂落。

第二章　商业航天的概念

当今商业航天概念空前活跃，然而我们却很少听到商业航空、商业海洋、商业铁路等概念，其原因在于航空、海洋运输、铁路等早已实现商业化，或说由于其与生俱来的客运和物流特性，使其自诞生起，便具有商业特性，甚至它们的很多技术和理念都是伴随着商业化共同发展的。前章讲到了航天是从国家意志指令性发展起来的，正从“小众”向“大众”发展，用户逐渐增多，用户种类逐渐丰富，市场规模逐步增长，这就决定了航天必然会向商业化发展。

一、商业航天的定义

商业航天包括“商业”与“航天”两方面属性，需要从这两方面来理解“商业航天”。

“商业”是商品交换的经济活动，是一种有组织的提供顾客所需产品或服务的行为。商业航天中的“航天”是一个领域的概念，商业航天是指在法律准许范围内，遵循市场规律，涉及航天领域的商品交换或服务的经济活动。换言之，发生在进入空间、空间设施制造与空间应用、航天技术应用、民用技术向航天融合发展、航天发射及相关服务过程中的交换行为，即属于商业航天范畴。这个定义涵盖了在航天领域的所有商业活动，只界定按照市场规律进行的经济活动，并不限定主体的性质。

同样在其他商业领域，也没有限定主体性质，而是看是否遵循市场交换原则。这个宽泛的定义更有利于纳入更多的企业和相关单位成员，以尽可能全面的视角来研究商业航天，力求在同等政策上发展商业航天。

具体而言，广义的商业是指所有以营利为目的的事业；狭义的商业是指专门从事商品交换活动的营利性事业。其功能主要是为了满足人们的不同需要而进行各种交易的媒介活动。商业是人类发展史上的进步，能搞活流通市场，促进人们生活生产水平和效率的提高和改进，不断促进生产力的发展。

航天在狭义上是指人类在太空的航行活动，在广义上是指人类探索、开发和利用太空以及地球以外天体的活动。这里代表与航天活动相关的领域。

航天领域可归为五类：进入空间、空间设施制造与空间应用、航天技术应用、民用技术向航天融合发展、航天发射及相关服务。

其中，进入空间包括运载火箭、发射场以及测控。空间设施制造与空间应用包括空间设施制造、空间科学探测、空间设施应用以及空间设施维护。航天技术应用是指航天技术产品转化于民用或者航天特种设施设备服务于民用，即将航天技术延伸到民用领域中。典型的例子是太阳能电站，卫星在轨长期工作依赖于太阳光转化成电能，而用在地面则建成太阳能发电站，为民所用。又如气动脱硫技术、风洞技术等，都在向民用转化。民用技术向航天融合发展主要包括民用技术向航天延伸、为航天供货、为航天提供制造设备以及为航天技术提供解决方案。几十年来，大量民用技术在航天中得以延伸和发展。比如航天育种，利用太空中宇宙粒子、微重力、弱地磁等综合因素，诱变农业生物遗传改良，从而培育出产量更高、质量更好、抗逆性更强的农作物品种。航天技术应用和民用技术向航天融合也可以逐步互相转化，互为促进，例如光谱探测技术原先在地面上得到应用，在探月工程重大需求的基础上，光谱探测技术实现了关键技术的突破，形成轻小型、高集成的先进仪器，成功应用于月球表面成分分析。同时，这项技术进一步扩展，返回到地面，被用于研制近红外光谱食药品现场检测仪。航天技术应用和民用技术向航天融合逐渐成为商业航天增长最快、最具活力的部分，在这种环境下，非常适合企业具备的强项，包括技术、成果、设施、产品等，向航天领域发展，把自身优势通过航天扩展，向社会热点、需求方向等延伸，寻求扩大商业机会。航天发射及相关服务主要包括发射服务和为航天提供金融、保险、培训等配套服务。商业航天发射投入大、风险高、技术要求高，众多商业航天企业依然以与可靠的发射服务提供商合作为主。随着商业航天项目越来越多，为商业航天项目提供融资、保险、咨询等服务也成为航天服务中的重要组成部分。

商业航天反映出航天活动的开放性和公众参与性。商业航天的蓬勃发展反映出人类自由探索太空的欲望增强，反映出在航天领域出现越来越多的商机。因此，我们应智慧地认知商业航天，从大的方面而不能过于狭窄地去定义商业航天。

二、商业航天发展历程

从人类研制出运载火箭，到成功地将第一颗人造卫星送入太空，直至今天商业航天蓬勃发展，航天发展已历经了大半个世纪。航天发展之初出于国防安全的需要，用户单一，由国家出资投入研制，而随着航天需求的不断增加，用户持续增长，逐渐形成了航天市场，商业航天逐渐兴起，并保持快速发展。

（一）历史回顾

最早期的航天活动完全源于国家行为，出于国防安全的需要。近代航天科技的发展最早源于第二次世界大战时期的军事目的，二战期间，德国研制了 V-2 火箭。二战后，美苏在此基础上研制远程核导弹，并在导弹射程、导弹载重等方面，开展“核竞赛”。为了彰显实力，美苏又将竞赛扩展到了太空。在远程战略导弹的基础上，发展出了运载火箭。

1957 年 10 月 4 日，苏联发射成功世界上第一颗人造地球卫星，实现了通信功能，1965 年 4 月 6 日，美国成功发射了世界第一颗实用静止轨道通信卫星。卫星通信技术产生以后，便立即用于军事目的。20 世纪 60 年代初，美国研制出“国防通信卫星”并投入使用，将军事卫星通信作为军事战略和国家防御的重要组成部分。

1959 年 2 月 28 日，美国发射了人类历史上第一颗军事侦察卫星——“发现者 1 号”。苏联也于 1962 年发射了“宇宙号”军事侦察卫星，对美国进行高空间谍侦察。截至 1982 年年底，美国和苏联分别发射了 373 颗和 796 颗军事侦察卫星，主要包括照相侦察卫星、电子侦察卫星、海洋监视卫星、导弹预警卫星和核爆探测卫星。

1961 年 4 月 12 日，苏联成功发射世界上第一艘载人宇宙飞船，加加林乘坐“东方 1 号”，成为第一位奔向太空的人类使者。美国不甘落后，1961 年 5 月 25 日，肯尼迪总统向全世界宣布实施载人登月“阿波罗”计划；1969 年 7 月，尼尔·阿姆斯特朗第一个踏上月球。“阿波罗”计划总耗资约为 492 亿美元，最高峰时美国政府对其拨款约占当年美国 GDP 的 0.57%，约占美国全部科技研究开发经费的 20%。“阿波罗”计划的实施也促进了美国多个领域的技术进步，催生了一大批高科技工业群体。通过该计划取得的技术成果转向民用，带动了美国的科技发展与工业繁荣，从而带来了巨大的间接经济效益。庞大的“阿波罗”计划不仅大幅拉动了美国经济，甚至促使美国赢得了信息时代的控制权。

随着“星球大战”的结束，加上“阿波罗”计划的影响，航天逐渐从单纯的国防目的开始向服务社会的方向发展。军事通信卫星技术应用于民用通信、卫星电视广播等领域。1964 年 8 月 20 日，美国、日本等 11 个西方国家为了建立世界性商业卫星网，成立了商业卫星组织——国际通信卫星组织（ITSO），并于 1965 年 4 月将第一代“国际通信卫星”（INTELSAT-I，“晨鸟”）发射进入地球同步轨道，正式承担国际通信业务，这也是人类历史上第一颗商业卫星。

美国借鉴通信卫星产业化的成功经验，逐步开发遥感卫星市场。从 1961 年第一颗气象卫星，到 1972 年第一颗陆地观测卫星，再到 1978 年第一颗海洋卫星，军事侦察卫星技术转变为国土资源、环境、灾害监测的遥感应用，伴随着民用技术的逐渐壮大，产生了一系列的卫星应用服务市场。

随着商业卫星事业的蓬勃发展，商业发射市场也在不断壮大。美国、俄罗斯最早进入国际商业发射市场，中国、欧洲以及印度、日本也纷纷涌入该市场，阿里安宇航公司、联合发射联盟、轨道 ATK 公司为国际商业卫星提供可靠的发射服务。当前以 SpaceX、蓝色起源公司（Blue Origin）为代表的民营企业，也步入了火箭制造的行列。随着技术的发展，商业载人航天也逐渐步入人们的视野，维珍银河公司的“太空船 2 号”、毕格罗公司的太空旅馆、蓝色起源公司的“新谢泼德”亚轨道载人飞行器都在努力研制，发展太空旅游，抢占商业载人航天市场。

从航天发展的历程中，我们可以看到航天需求不断增加，用户持续增长，盈利效应开始出现，企业参与的积极性越来越高，航天市场形成，商业航天的呼声也随之越来越高。可以说，随着航天技术的发展，大多数国家政府逐渐开始利用市场的手段在管控。

（二）主要国家和地区航天产业发展历程

美国、欧洲和俄罗斯是国际上最早开展商业航天活动，也是当前商业航天发展最为成熟的国家和地区。回顾美国、欧洲、俄罗斯、中国的商业航天发展阶段，可以清晰地发现全球商业航天发展的一个基本脉络与历程。

1. 美国

美国是典型的航天强国，在航天发展史上创造了许多项第一，同样，其商业航天模式也被纷纷效仿。美国实行市场经济体制，很难界定其何时开始的商业航天。随着1962年《通信卫星法案》的颁布，美国广播公司、西联电报公司、美国卫星公司和通信卫星公司纷纷成立，1965年4月6日，以德尔它D运载火箭成功发射国际通信卫星组织的“晨鸟”卫星①为标志，开创了卫星商用通信的新时代，商业航天开始繁荣。但美国国家航天政策对航天运载器发射商业卫星有着严格的限制，其开展商业航天活动更多的是从政治和国家安全的角度，并不是从经济的角度出发。

美国政府开始着力调整经济产业结构，以求抢占高科技制高点。1993年，美国总统克林顿发表《技术为经济增长服务》的演说，并以此为起点，开始推行“新经济政策”。该项政策以发展产业技术为重点，以高科技发展为基础。1994年，美国在高技术领域的研发投资达到1730亿美元，占当时美国国民生产总值的2.6%。美国国内航天产业在政策、资金、技术等方面得到了有力支持。

随着美国大力推进更多私营企业进军航天领域，美国逐步真正实现航天商业化。在多年鼓励商业航天发展的良好环境下，美国涌现了Blue Origin、SpaceX、DigitalGlobe、天盒成像（Skybox）、行星实验室（Planet Labs）等新生力量。与老牌的波音公司、轨道ATK公司、内华达山脉公司等在商业航天领域展开竞争，培育了一个有竞争、有活力的市场，推动整个航天工业繁荣发展。卫星通信市场完全放开，形成良性循环；卫星遥感主要以政府采购数据产品和服务为主；卫星导航全面支持民用市

① “晨鸟”卫星为休斯公司制造。

场发展。

美国通过鼓励商业航天发展,使商业航天公司逐步具备从设计、制造、验证到发射、运营的能力，实现了政府、军方、科研机构等用户从市场购买服务的需求。商业航天模式显著降低了航天成本，性价比大为提高。例如，猎鹰 9 运载火箭的商业发射报价仅为 6120 万美元①，极大拉低了商业卫星发射价格，迅速占领了商用卫星发射市场。

在战略部署方面，2015 年 10 月，NASA 提出了美国即将迈入第二个太空时代（“太空 2.0”）的观点。NASA 认为，在“太空 2.0”时代，太空开发不再仅由政府主导，应由政府、私营企业、科学技术界、公众共同推动，每个角色都将发挥其独特且必要的作用。NASA 强调的众包、众筹等研发模式在新太空时代具有重要意义。

总的来看，战后出于安全战略及经济发展的需求，美国政府一直保持着对航天等军工产业的巨额投入，这确保美国国内的军工产业体系在战后仍能稳步发展，形成了良好的产业生态圈。航天工业体系作为其重要组成部分，相关工程技术在取得进步的同时，其产业市场也在国际、国内两个维度上逐步发育起来。

美国的商业航天发展独具特点，在其强大的经济基础和工业实力、完善的法律政策环境支撑下，在发射服务、卫星制造、货运服务、运营服务、终端制造、芯片开发等领域都有很强优势。在美国政府引导下，私营企业发育成熟，在技术研发、商业模式探索上取得了很多成就。

2. 欧洲

欧洲和美国一样，也在航天领域实力雄厚，且一直实行市场经济体制。从 20 世纪 70 年代后期到 20 世纪末期，欧洲逐步开展研制阿里安系列运载火箭，并于 1980 年正式成立阿里安宇航公司，积极推动航天活动向商业化过渡。

---

① 商业发射报价与军用项目报价不同，美国空军 GPS III 卫星发射服务合同为 8270 万美元。

从20世纪末期至今，国际海事卫星组织、欧洲卫星通信公司、欧洲卫星公司相继实现商业化经营；卫星制造业开始合并重组，逐渐形成了空客防务与航天公司、泰雷兹·阿莱尼亚航天公司两家大型欧洲企业，在全球市场举足轻重；萨里卫星技术有限公司的小卫星研制能力突出；近些年新兴的O3b公司、OneWeb公司等为欧洲商业航天进一步繁荣作出了重要贡献。

在战略部署方面，欧洲航天局自2015年以来，多次提到“太空4.0”概念，指出在“太空4.0”时代，政府主导计划、私营企业参与项目、太空旅游业将相互交叉融合；“太空4.0”概念重视商业航天发展，意图通过商业航天手段，全面促进欧洲航天科学与航天技术发展，推动欧洲航天经济可持续发展，增强欧洲航天在全球航天的综合竞争力。欧洲航天局提出未来的太空活动将越来越多地考虑技术以外的因素，更加重视航天任务与科学、工业、政治和社会的互动。

在管理方面，欧洲航天局管理的航天活动一般分为义务性和任择性活动，多采用“PPP”模式①。欧洲航天局上述两类活动经费按照各成员国GDP的规模按比例缴纳，这些经费一般会遵循“谁投资谁受益”的原则，即在特定项目投入经费越大的国家，其国内航天产业界就越有可能获得该项目的主导权或成为主承包商。因而，越重视本国航天产业的国家，投入的经费越多，其产业或国家也将获得更多的项目和发展机会，航天产业也相应发展得更成熟，更具市场竞争力。而随着“PPP”模式的广泛应用，欧洲各国政府在航天活动中的地位正不断下降，商业航天正呈现出不断上升的趋势。

总的来看，欧洲的商业航天发展环境较为完善，政策、技术、效果都较好，发射服务与卫星制造组合，具备很强的市场竞争力。

① “PPP”模式是公私合营模式，是指政府与私人组织之间，以特许权协议为基础，彼此之间形成一种伙伴式的合作关系，并通过签订合同来明确双方的权利和义务。

3. 俄罗斯

二战结束后，美苏两极格局形成。出于维护国家安全及大国地位的需要，苏联积极发展本国的导弹及航天技术。在人力、物力的不断投入下，苏联在航天领域拔得多个头筹，诸如第一个发射人造地球卫星的国家，第一个成功实施载人航天的国家等，成为名副其实的航天强国。冷战结束后，为维持航天强国的地位，改善经济状况，俄罗斯决定利用其在航天领域内所继承下来的技术和经验，开拓国际商业发射市场。因此，俄罗斯也成为世界上最早进入国际商业航天发射市场的国家之一，以其低廉的发射价格受到广大用户的青睐。从 1995 年开始，俄罗斯同西方多家航天公司达成合作协议，合作内容包括发射通信卫星、成立“海上发射公司”等。通过开展国际合作，俄罗斯尤其是同欧美国家的合作，创建股份制公司，冲破了以往的发射局限，拓宽了其运载火箭的使用范围，在商业航天发射市场占据半壁江山。从事商业航天发射的俄罗斯企业已经形成了比较规范的服务体系，不但提供火箭发射，而且向客户提供技术支持、人员保障、售后跟踪等多种服务。

4. 中国

中国的航天事业起步于 20 世纪 50 年代中期。由于当时国家整体工业基础薄弱，且航天具有重大的战略意义，我国的航天事业一直奉行计划经济管理体制，在政府统一管理下，集中力量办大事。在项目管理方面，按照钱学森提出的系统工程论思想，实行系统工程管理。在政府、科研人员及各界的共同努力下，在这一时期，我国取得了长征系列火箭早期型号研发成功、东方红一号卫星发射成功等举世瞩目的成绩。

随着国际形势的变化以及中国改革开放的推进，中国的航天事业也在顺应时势，走向国际舞台。1980 年，长城公司成立，成为我国航天从事商业发射、卫星系统以及空间技术合作的窗口单位，采用市场经济与计划经济相结合的管理体制。在进行项目合作时，实行合同制。中国长城工业集团有限公司的创建是我国航天事业迈向国际化、市场化的重要一步。

中国的商业航天从提供商业发射服务开始。1985年10月26日，中国政府宣布向国际市场提供发射服务。1988年11月1日，长城公司代表中国航天签订了首个商业发射服务合同——用“长二捆”火箭发射“澳星”；1990年4月7日，后完成了首次商业发射，在西昌用长征三号火箭将亚洲卫星公司的“亚洲1号”发射入轨，这也标志着中国发射服务正式进入国际市场。1999年10月14日，长征4号乙火箭在太原成功发射中巴资源卫星1号，开启了我国在卫星整星制造领域国际合作的大幕。30多年来，中国长城工业集团有限公司先后为全世界提供五十多次卫星商业发射搭载服务，是我国开展商业航天活动当之无愧的先锋。

同时，我国商业航天也逐渐将业务拓展至卫星制造和在轨服务领域，研制了具有标志性意义的东方红4号平台。2007年5月14日，长征3号乙火箭在西昌成功发射基于东四平台的尼日利亚通信卫星1号并完成交付，标志着中国卫星首次进入国际市场。此举有力地减少了国外政策对我国航天发展的制约。2012年9月29日，长征2号丁火箭在酒泉成功发射委内瑞拉遥感卫星1号，实现了遥感卫星的出口，在此基础上，加之国家间的深度合作，通过在当地合作建设卫星总装厂，开启了中国航天工业体系标准的对外辐射，在航天商业化发展中进行了新的探索与实践。

随着中国计划经济体制逐步改革为社会主义市场经济体制，航天领域也发生了重大变化。原本只为政府、军队、国家安全需求服务的航天基础设施向商业市场开放，而政府和军队作为大客户进入市场，按商业规律进行招标和采购。除一些国家重大任务外，大部分航天项目采用合同制管理，由研制单位与用户签订合同，也有一些项目采用招标方式，对一些发射任务也开始采用商业保险模式。

另一方面，原航天主营企业也积极向市场融合，将航天技术与民用相结合，以寻求更大的发展；而市场上的一些企业亦开始积极投入航天领域，与传统航天企业合作发展，新进入的企业也同样希望在航天领域能够占有一席之地。

近几年来，众多企业在商业航天领域开始了自己的探索，有的能够自己研制卫星，或采购遥感卫星开展运营服务。多家高等院校、科研院所、上市公司先后启动各自遥感卫星星座计划。一批以“商业航天”为卖点的创业公司高度聚焦在卫星或者火箭制造上。

回顾航天发展历程，可以看到航天起源于国防，在国防建设中得到发展，而航天的发展带来了社会需求，促使航天向商业化发展。当前国家军民融合战略不断向前推进，全球商业航天蓬勃发展。为贯彻国家军民融合战略，加速航天向商业化发展是大势所趋，商业航天在此背景下也必将大有作为。

三、商业航天的特点

商业航天与传统航天相比，有着自身的特点。传统航天一般是依靠国家的力量给予经济政策保障，承制单位更多的是指定单位，更多的是考虑完成指定任务和发展技术，很少顾及投资回报，在产品设计时也很少考虑经济性。而商业航天则不完全相同，在市场环境下，必须考虑企业生存，既要“保成功”，又必须顾及经济性，力求投资有回报。这就决定了商业航天企业要在市场中以实现盈利为目标，公司主体自负盈亏，企业需要对成本加以控制、优化投资回报率，加强创新，降低成本，使得利益最大化。

谈商业航天必须以“商业”为先、“航天”为后，商业必讲投资回报，不讲回报只因为兴趣而利用融资等商业手段的航天行为，虽然也可纳入商业航天的概念，但不考虑投资回报始终难以持续。这意味着商业和市场的实质对于商业航天而言更加重要，需要从商业的角度来审视自己的目标和资源，这是商业航天企业取得成功的先决条件。

“航天”为后，决定了商业航天同时还具备航天的各项属性，具有三高一长的特点：一是高技术含量，航天是高技术领域，需要高技术人才、高水平管理、高前瞻性判断；二是高环境，航天涉及国家安全，必须得到政府高度认同，航天也需要高制造环境保障，对发射环境和社会配套要求高；三是高投入，研制需要的资金投入高、设施水平高、精力投入高并能承受因高风险所带来的失败；四是周期长，包括研发周期及投资回报周期相对较长。

针对以上特点，从事商业航天领域的企业家更加需要企业家精神，不畏困难，勇于积极拓展，力争成为一位不寻常的经营者，成就不寻常的企业；在市场中寻找机会，而不是寻找安稳；敢于做有意义的冒险，有梦想并且能坚持，勤于创造，不畏失败和挑战，努力追寻成功。更重要的是，不会在短期的利益和社会舆论面前轻易动摇，不惧权威，追求成为新时代的领导者。SpaceX 的创始者埃隆·马斯克等一批国际商业航天的成功者提供了优秀的范例，充分展现了积极进取、不惧挑战的企业家精神，同时彰显了他们希望通过航天力求改变世界的决心。

商业航天是以市场经济原则运行的航天产业，分析商业航天，可以从产业链、价值链、资金链、知本链四个角度进行研究。具体而言，产业链是跳出企业自身从产业层面研究产业上下游的整个链条，价值链注重从企业层面研究市场的价值所在和竞争情况，资金链可以更加直观地反映商业航天与传统航天的资金来源差异，知本链则反映商业航天的创新来源和动力。从这四方面出发，有助于了解企业的产业发展以及价值生成机制，可以从产业、企业、资金、技术等角度更加清晰地分析商业航天的脉络和特点，既可作为分析商业航天态势特点的工具，同时也是研究商业航天以及最大化总体效益的系统方法。

（一）产业链

产业链是指在经济活动中，从事某一产业经济活动的企业之间由于分工角色不同，在上中下游企业之间形成的经济、技术关联，产业链是一个产业成长发展的必然产物。产业中产业节点的变动会影响整个链条的变化，产业中的产业节点的中断或缺失会影响产业配套能力和整个产业的发展。

产业链是相对于不同企业的概念，体现了产业分工的关联形态，包含产品的“生产—流通—消费”全过程所涉及的各个相关环节。以卫星产品产业链为例，其主链由“系统单机部组件研制—卫星研制—卫星运营—卫星应用”等环节构成，每个环节又涉及各自的相关子环节和不同的组织载体。

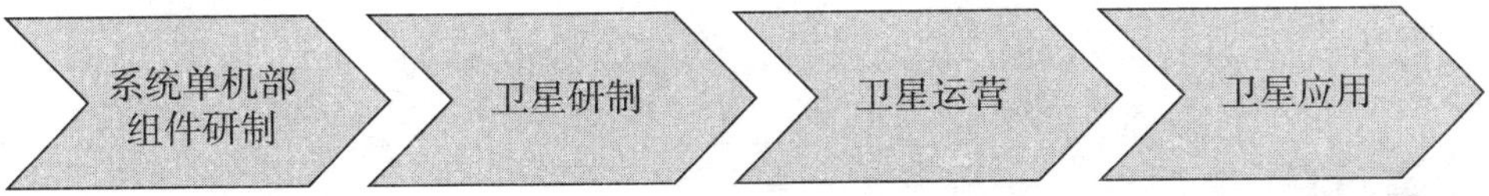

图 2-1　卫星制造产业链

在传统航天的生态体系当中，大型的航天集团公司往往作为定点单位负责承接各类国家级指令性任务，负责各类型号研制，公司可以独立承担从卫星研制到运营大部分环节的工作，形成“大而全，小而全”的模式。特别是在国内基础工业较薄弱的时期，这种“大而全，小而全”的模式可以使质量与进度得到保障，但不利于专业向更深、更精细化发展。

此种方式在一定程度上限制了产业链的提升，传统航天制造以定制化任务为主，技术迭代不足，造成了较大的研发成本浪费，也影响到了自身技术的可靠性和研制周期。各环节相对固化、创新缺乏，同时不注重创造航天的市场价值。

对于商业航天而言，在其产业链的上游，承制单位的可选性大为提高，研制方式多种多样，全球采购、使用货架产品等方式成为热点，一系列的技术创新和商业模式创新应运而生。商业航天更加注重细分领域的价值创造，以形成高度商业化的产业生态圈。航天产业链环节的子环节被重视，组织载体更为丰富，细分领域的公司变得更多，这是由于各环节的价值创造更受到重视。高度的专业分工带动集成、测试、运管、测控、咨询等专业公司出现，使之更为专业化，提高生产效率，提升性能，更有效地降低成本。同时，航天技术的应用市场不断拓展，航天技术不断开放，技术人员也逐渐向市场流动，产生了航天产业的溢出效应，这使得商业航天有着越来越好的生长土壤。

商业航天公司通过更加注重细分领域创造的价值，通过更多的重复化工作，促进技术迭代，提升产品可靠性，缩短研制及客户响应周期，使得单一领域的技术加快发展成熟，创造的价值更高。

（二）价值链

价值链本质是指由企业为了满足顾客需求的一系列活动形成的价值创造的动态过程。和产业链不同，价值链主要从企业的角度出发，更加注重价值创造，涵盖企业设计、采购、制造、运输、销售、售后的整个链条。价值链分析是针对企业经营状况开展的价值分析，其目的是弄清企业的价值生成机制，剖析企业的价值链条构成并尽可能加以优化，从而促进企业竞争优势的形成。

由于传统航天的产业链相对固定，其价值链受市场的影响较小，市场影响相对滞后，多是靠申请涨价来进行保护，不注重运用价值链分析核心竞争力，未能充分研究和发掘市场的价值所在，调整企业布局和产业链。拥有军工背景的航天企业依托自身技术优势，往往只着眼于飞行器制造；而运营商负责具体的卫星运营，不参与卫星的制造环境。所以，其价值链上除参与市场的接口外，其他节点设置多为指令性计划生成，难以用市场经济手段调节，以及用市场竞争促进技术进步。

商业航天是市场行为，按价值链自动调节产业链，根据市场价值和用户的关心，调节企业策略，包括企业定位、客户确定、技术发展等。由于商业航天要求企业按照市场和价值的规律运行，从价值链的角度分析，商业航天企业特别关注和培养在“战略环节”上的重要核心竞争力，以形成和巩固企业在行业内的竞争优势。商业航天企业的优势既可来源于价值活动所涉及的市场范围的调整，也可来源于企业间协调或合用价值链所带来的最优化效益，灵活而高效。

商业航天要求企业更加注重价值链的优化整合。以 Planet 公司为例，公司由专业的研发团队自主研发卫星，通过全球采购货架产品，自行对卫星进行集成组装，通过全球寻找发射服务提供商，部署星座，然后自行运营星座，建立全球数据销售网络，并通过与多家遥感数据应用企业和单位合作，提供相关数据应用服务。通过这一系列举措，Planet 公司集设计总装制造商、运营商、终端服务提供商于一体，多点整合创造价值。卫星产业主要核心利润集中在价值链后端，即卫星应用和服务产业，这使得以追求利润为根本的商业航天公司更加注重后端这一“战略环节”，同时通过各类手段缩短产业链条，从而降低成本，缩短研制周期，最大程度地满足客户需求，提升效率，占有市场。这主要得益于货架产品的成熟，使得运营商进入卫星制造的门槛降低，同时成本也更加低廉。

商业航天企业针对价值链中的节点，更加注重市场的调节作用和培养自身的核心竞争力，以市场、价值的规律引导产业链的细分和组合；优化产业链，缩短流程，从而促进技术进步、降低成本，在价值链上获得了增值。

（三）资金链

资金链是指维系企业正常生产经营运转所需要的基本循环资金链条，即“现金—资产—现金（增值）”的循环，企业要维持运转，就必须保持这个良性循环的不断运转。

传统航天的资金来源较为单一，以政府和军方为主，资金链可随项目得到充分的保障，但此种模式各节点的经费支持着重在保障任务顺利实施层面，一方面资金可能在重复研制等方面上造成资源浪费，另一方面如果在项目执行过程中，需要进行任务扩展和任务探索，又难以得到专项资金保障，不利于创新研发。此外，产品研制费用与技术改革经费分开，严格控制混用，也制约了企业自主提升能力的积极性。

商业航天的投资从传统的政府为主的单一化向市场的多元化转变，商业航天的资金链灵活性高，资金来源多样化，融资手段丰富，其产业链、价值链以及有预期的制造等各个环节都可进行融资。

随着社会发展和财富累积效应，社会的资金越来越多，在有好的创意出现时，社会融资成为一种新的有效渠道。特别是互联网经济的介入，商业航天市场开放，吸引大量经济大鳄介入，使项目资金来源、规模、运作方式出现巨大改变。同时，由于当前国际上普遍缺乏优质的投资资源，大量的闲置资金也将航天视为理想的投资对象，风险投资、债券融资、公开募股、私募投资、种子基金以及众筹等投融资模式在初创航天领域频繁应用，培育并壮大了大批初创航天企业。

然而，需要注意的是，商业航天的资金链在稳定性上无法与传统航天相比，初创企业通常是通过在市场上进行事先融资，获取启动资金，但是在商业模式或者技术逐渐不被认可时，就会出现资金链断裂的情况，这对企业而言是非常致命的。由于航天高投入和长周期的特点，决定了商业航天企业必须有充足的资本。航天领域并非是企业通过各种资本途径筹措几个亿甚至几千万资金便可以轻易涉足的，为了形成自身知本链的核心竞争力，必须保证前期在研发上的持续投入和经费支持。OneWeb正是通过软银和其他几个大股东的资金支持，筹措到了大量的资本，才能启动自己庞大的星座计划，形成其他通信卫星乃至星座无法匹敌的覆盖率和服务能力，从而带动整个产业链的发展。

（四）知本链

知本即知识资本，或者可以说是技术核心，是企业的核心竞争力。知本链就是将知本按照一定逻辑连接起来，可以进一步分析产业链、价值链和资本链。航天产业的本质依然是高科技产业，航天项目研制是庞大的系统工程，涉及多领域的众多技术。可以说，在航天领域，知本链有多长，产业链就可以有多长。高科技决定了商业航天初创公司如果想在商业航天领域立足，必须拥有自身的核心竞争力。这种核心竞争力不能仅体现在商业模式创新、资金来源渠道多等方面，企业还必须拥有自身的技术特点和技术创新。生产制造技术依靠的是知识，知识已成为最重要的航天经济资源。SpaceX实现了史上第一次火箭回收、重复使用，其技术创新震撼了全球航天界，具备了核心竞争力和吸引力，走在了全球前列，成为各个航天企业纷纷效仿的标杆。

传统航天与商业航天都重视知本。传统航天重视知本主要集中于技术发展，而不擅长将知本转化，甚至在产业链构成中，由行政决策而非知本。商业航天则更看重以知本为资本，把知本与资本等同，成功的商业公司在产业链构成中，一定会注重知本链。知本可作为资本折价入股，更要把资本转化为利润效益。SpaceX以及其他国内外商业航天公司的CTO和其他主要技术人员，都通过自身的技术实力取得了公司相应的部分初始股权，此种方式吸引了传统航天中的许多技术人才。同时，企业通过提供充分的试错空间和物质激励，调动技术人员的工作积极性，更加快速高效地将“知本”转化为产品和利润，形成企业赖以生存的核心竞争力，构成了良性、稳定的知本和资金的回馈链。

从航天产业的产业链、价值链、资金链和知本链上看，商业化加速航天发展是航天产业发展的必然趋势。商业航天的产业链和价值链有利于高度互动，由于商业追求价值利润，价值链可以调整产业链，引导产业布局，国家不对价格进行干预，而是充分进行市场调整。商业航天的产业链的最大特点体现在可扩展，航天技术应用、民用技术向航天融合发展都可以纳入商业航天的产业链条中，同时，产业链上各细分领域的价值也将被充分挖掘。

随着航天技术的发展以及政策的支持，航天技术不断从专用向民用转化，从专一用户向多用户发展，市场范围和规模不断扩大，商业化是必然选择，以市场的角度提供服务，以商业的运行机制进行管理和调整。随着航天技术的不断演进和商业化进程的持续推进，航天也将像铁路运输、航空、航海一样，实现其自身巨大的经济价值。现阶段所谓的商业航天只是航天从服务国防走向服务人类，从高精尖技术向大众普及，从专属走向市场发展的一个浪潮。

第三章　进入空间

进入空间是指航天器通过火箭发射，脱离地球引力进入宇宙空间的预设轨道。要摆脱地球引力的限制，必须使火箭达到第一宇宙速度（又称航天器最小发射速度）7.9 千米 / 秒。实际上，由于大气层的影响，航天器不能贴近地球表面做圆周运动，必须在 150 千米的飞行高度以上，才能绕地球做圆周运动，因此地球对航天器的引力比在地面时要小，航天器的环绕速度为 7.8 千米 / 秒。

航天器进入空间后，会在特定的轨道运行，包括高、中、低轨和临近空间。近地轨道（LEO）是指距离地面高度较低的轨道，一般轨道高度在 2000 千米以下。地球同步轨道（GEO）的轨道高度达 36000 千米。中地球轨道（MEO）位于低地球轨道和地球同步轨道之间的人造卫星运行轨道。地球同步转移轨道（GTO）是指近地点在 1000 千米以下、远地点为地球同步轨道高度的椭圆轨道。临近空间是指距地面 20~100 千米的空域，由于其重要的开发应用价值，当前在国际上也引起了广泛关注。

进入空间的手段通常为火箭等运载工具，进入空间主要包含运载火箭、发射场、测控、航区落区安全等内容，在中国进行火箭发射需要获得相应的许可。

一、运载火箭概述

20 世纪初航天学理论的创立和火箭技术的发展，是真正意义现代航天的开始。这一时期涌现出了康斯坦丁·齐奥尔科夫斯基、罗伯特·戈达德、赫尔曼·奥伯特等许多满怀探索精神的航天先驱，他们开始研究和解决航天的科学理论和工程技术问题，并着手设计和试验火箭，为现代航天的早期发展作出了重大贡献，大大加速了航天时代的来临。

（一）进入空间的系统组成

1. 运载火箭

运载火箭是能够将人造卫星、载人飞船、空间站或空间探测器等有效载荷送入预定轨道的航天运输工具，由单级或多级火箭组成。运载火箭的主要技术指标是运载能力、入轨精度和可靠性，其技术水平在一定程度上代表了人类自主进入太空的能力。

常用的运载火箭按其所用的推进剂划分，可分为固体火箭、液体火箭和固液混合型火箭三种类型。以长征 3 号甲运载火箭为代表的我国多款长征系列火箭均为液体火箭；长征 1 号运载火箭是固液混合型的三级火箭，其第一级、第二级是液体火箭，第三级是固体火箭；长征 11 号运载火箭是新型四级全固体火箭。美国飞马座运载火箭也是三级固体火箭。

按级数划分，运载火箭可以分为单级火箭和多级火箭。其中多级火箭按级与级之间的连接形式，分为串联型、捆绑型两种。串联型火箭级与级之间的连接分离机构简单，其上面级的火箭发动机在高空点火；捆绑型火箭是在芯级火箭基础上捆绑助推器，其连接分离机构较串联型复杂，其芯级第一级火箭与助推火箭在地面同时点火，可以有效增加运载能力。

2. 发射场及航区落区

航天发射场是为保障航天运载器的装配、发射前准备、发射、弹道测量、发送指令以及接收遥测信息而专门建造的一整套地面设备、设施和建筑，其结构组成以及设备配置完全取决于运载火箭的结构和规定的任务，通常包括五个部分：技术区、发射区、测控系统、搜索救生系统以及生活区和后勤系统。

目前，世界上主要航天大国为了占领国际航天市场，适应新型航天器、运载火箭发展的需要，改建或新建了一些航天发射场，在提高发射效率、缩短发射周期、降低发射成本、保证发射安全等方面有了很大的进步，使航天发射场向现代化、大型化方向发展，其主要特点如下。

（1）在发射中心选址上，尽量使发射中心靠近赤道并靠近海域，这样做既可以提高火箭运载能力，同时又可以保证火箭航区和残骸溅落区的安全。

（2）在发射中心规划、建设上，根据不同发射试验的需求，集中建设多个发射工位，满足各种航天器的需要。

（3）在发射中心工作流程上，除必须在发射工位进行的操作外，各项工作最大限度地安排在技术区完成。技术区采用多工序并行作业，缩短准备工作时间，提高发射工作效率。

表 3–1 国外承担运载器发射任务的主要航天发射场情况

发射场	国家	地理坐标	发射工位数量	主要运载火箭	主要发射任务
卡纳维拉尔角发射场	美国	北纬 28.5°，西经 81.5°	7	德尔它 4、宇宙神 5、猎鹰 9	地球同步轨道发射任务
范登堡空军基地	美国	北纬 34.78°，西经 120.5°	5	德尔它 4、宇宙神 5、金牛座号、米诺陶号	极地轨道卫星、军用卫星

续表

发射场	国家	地理坐标	发射工位数量	主要运载火箭	主要发射任务
拜科努尔航天发射场	哈萨克斯坦（俄罗斯租用）	北纬 45.6°，东经 63.4°	5	联盟号 U、联盟号 FG、联盟号 2、质子号、陆射天顶号	载人飞船、国际空间站货运飞船、俄罗斯主要卫星发射任务
普列谢茨克航天发射场	俄罗斯	北纬 62.8°，东经 40.1°	3	联盟号、隆声号	军用侦察卫星和导航、通信及气象卫星
圭亚那航天中心	法国	北纬 5.23°，西经 52.77°	3	阿里安 5、联盟号 ST、织女星	商业发射任务
种子岛航天中心	日本	北纬 30.4°，东经 130.9°	1	H-2A、H-2B	HTV 以及日本的多数卫星
鹿儿岛航天中心	日本	北纬 31.23°，东经 131.08°	—	艾普斯龙	小型卫星载荷
萨迪什·达万航天中心	印度	北纬 13.78°，东经 80.25°	2	PSLV、GSLV	极地轨道卫星、地球同步轨道卫星
海上发射平台	国际	北纬 0° 东经 154°	1	海射天顶号 3SL	商业发射任务

1）美国

美国现有 6 个航天发射场，分别是卡纳维拉尔角发射场（包括肯尼迪航天中心和卡纳维拉尔角空军站发射场）、范登堡空军基地、沃洛普斯飞行中心、科迪亚克发射场、爱德华兹空军基地和夸贾林导弹基地，具备发射不同轨道的各型运载火箭的能力。

其中，卡纳维拉尔角发射场（即东靶场）和范登堡空军基地（即西靶场）是最重要的航天发射场，1958~2013 年在此发射了约 1600 枚运载火箭，占美国发射运载火箭的 90% 以上，超过全球发射总量的四分之一。位于卡纳维拉尔角的肯尼迪航天中心是美国最重要的载人航天器发射基地；位于美国东部佛罗里达州东海岸的梅里特岛，曾用土星 5 重型火箭发射阿波罗载人飞船；范登堡空军基地设在西海岸加利福尼亚州，主要用于战略导弹武器试验和各种军用卫星、极地卫星的发射。此外，还有用于小型固体运载火箭发射，如发射雅典娜运载火箭的科迪亚克发射场；用于近赤道运载火箭发射，如发射飞马座号运载火箭的夸贾林导弹基地；用于小型运载火箭和探空火箭发射，如发射飞马座号运载火箭、金牛座号运载火箭的沃洛普斯岛发射场，以及用于发射飞马座号运载火箭的爱德华兹空军基地。

2）俄罗斯

目前，俄罗斯共有四个航天器发射场，即拜科努尔航天发射场、普列谢茨克航天发射场、卡普斯丁亚尔航天发射场和斯沃博德内航天发射场。长期以来，俄罗斯主要使用两个航天发射场执行航天发射任务：一是位于哈萨克斯坦境内的拜科努尔航天发射场（俄罗斯租用），二是普列谢茨克航天发射场。由于俄罗斯每年要为拜科努尔发射场支付 1 亿多美元的租金，所以其正在境内建设新的东方港发射场。

拜科努尔航天发射场主要用于载人航天发射、近地轨道航天器入轨、行星际探测器入轨等，是俄罗斯发射载人飞船的唯一基地。普列谢茨克航天发射场原是一个洲际导弹基地，发射的卫星主要是军用侦察卫星和导航、通信及气象卫星等。由于发射场所处纬度较高，可以利用高纬度来发射大倾角卫星，满足侦察卫星和气象卫星对地球进行大范围全球覆盖的要求。

3）法国

1964 年，法国决定在巴西正北方向的法属圭亚那中部的库鲁地区兴建法国航天中心，以取代它在阿尔及利亚撒哈拉沙漠的哈马基尔发射中心。目前，圭亚那航天中心是法国唯一的航天发射场，也是欧洲航天局开展航天活动的主要场所，是欧洲航天活动最主要的基地，也是世界上承揽商业航天任务最多的发射中心。

圭亚那航天中心的地理优势主要表现在：靠近赤道，火箭可利用的地球自转线速度大；所在地区人口密度低，发射失败不会造成严重影响。圭亚那航天中心现有阿里安第一发射场、第二发射场、第三发射场以及联盟号发射场。阿里安第一发射场在改建之后，现用于织女星（Vega）小型运载火箭的发射。阿里安（Ariane）第三发射场用于阿里安 5 系列的发射，现在主要有阿里安 5-ECA 以及阿里安 5-ES，阿里安 5-ES 用于发射自动转移飞行器（ATV）。联盟号发射场用于发射俄欧合作研制的联盟号 ST 运载火箭。

阿里安第三发射场是圭亚那航天中心最主要的发射阵地，于 1997 年投入使用，具有以下特点：其一，可同时进行火箭的垂直组装、机械和电气测试以及固体助推器的准备工作，节省阿里安 5 火箭的装配时间。其二，运载火箭与有效载荷的连接可以一次完成，火箭运到之前就已装配好有效载荷，并将其连接到地面系统上。联合操作只限于有效载荷与运载火箭的连接安装、电气试验、加注可储存推进剂、倒计时和发射。其三，采用固定在活动发射平台上的脐带塔，因而不必将各种管线接头断开和重新连接，从操作开始到操作结束，各种管线一直与火箭对接，直到发射。其四，发射区功能单一化，简易发射台只用来加注低温推进剂和发射。

4）中国

我国经过多年的建设，目前已拥有四大卫星发射中心，即酒泉卫星发射中心、太原卫星发射中心、西昌卫星发射中心以及文昌航天发射场。

酒泉卫星发射中心位于戈壁滩，200 千米以内为无人区，落区安全性好，地势开阔，是天地往返运输系统理想的回收着陆场所。这里距海岸线较远，可以充分利用已形成的陆上航天测控网，而且气候干燥少雨，雷电日少，容易满足发射条件。酒泉卫星发射中心主要用于发射返回式卫星、载人航天器以及航天员应急救生等，已发射东方红 1 号、第一颗返回式卫星、天宫 1 号、神舟系列飞船等具有标志性意义的飞行器。

太原卫星发射中心位于高原，群山环抱，地势险峻，隐蔽性强，安全性高。在气候方面，这里冬天较长，基本没有夏季，无霜期仅 90 天，年平均气温 5℃，适宜发射太阳同步轨道（SSO）卫星，能满足多射向、多轨道、远射程的卫星发射需要。太原卫星发射中心用于发射气象、资源、通信等 SSO 卫星，以及部分国外商业卫星，已发射风云系列卫星、资源系列卫星、遥感卫星 14 号等。

西昌卫星发射中心纬度低、海拔高，地空距离短，发射倾角好。这里处在峡谷地带，安全性高，地质结构坚实，有利于发射场的整体布局。年度气候变化小，平均气温 18℃，日照达 320 天，发射窗口长，且交通便利，附近机场满足大型飞机起降，路网发达。西昌卫星发射中心用于发射地球同步轨道卫星以及应急发射任务等，已发射多颗国内外通信卫星、北斗导航卫星及嫦娥 1 号探月卫星等。

文昌航天发射场纬度低，是我国距离赤道最近的发射场，发射有效载荷的成本也最低。发射方向 100 千米范围内为大海，因此坠落的残骸不易造成意外。发射场位于海滨地区，交通便利，火箭通过水路运输，可降低成本，也不受铁轨限制。文昌航天发射场用于发射地球同步轨道卫星、大质量极轨卫星、深空探测航天器、大吨位载人空间站和货运飞船等，已发射长征 7 号和长征 5 号运载火箭。

美国的航天发射场选在靠近海域的地方，火箭发射轨道可以尽量避开航区内的社区和重要地面设施，火箭掉落残骸可以落入海中，以此保证火箭航区和残骸溅落区的安全。我国酒泉、太原、西昌三大卫星发射中心处于内陆地区。其中，酒泉卫星发射中心发射火箭一子级残骸落区主要位于青海、西藏两省（自治区）；太原卫星发射中心执行航天发射任务，其一子级残骸落区位于陕西、湖北两省；西昌卫星发射中心发射火箭一子级残骸落区主要位于贵州、湖南和广西三省（自治区），皆为内陆地区。火箭发射前，要确定火箭残骸落区范围，通常选择人烟稀少的地区。落区宽度一般在 30 千米，长度为 50~70 千米。而文昌航天发射场为海洋落区，与美国类似。

海洋落区虽比内陆落区更为安全便捷，但对测控提出了更高要求。内陆地区的测控可以依托在内陆建设的测控站网，而在海洋上，则需要海洋测控船和天基测控技术。

3. 测控

飞行器测控是指对飞行器进行跟踪测轨、遥测和遥控（TT & C）。其功能如下。

一是对飞行器进行跟踪测轨，即测量飞行器的位置、速度、加速度，用以精确测定飞行轨道参数，确保其精确地进入预定轨道，或提供飞行试验鉴定的数据。

二是对飞行器进行遥测，即将飞行器内传感器所采集到的数据，通过多路通信信道传输到地面遥测接收站，以便及时了解飞行器的飞行状态、飞行器内仪器的工作情况和航天员的生理状况，从而保证飞行任务的圆满完成。

三是对飞行器进行遥控，即采用多路通信信道，通过地面站对飞行器进行远距离的指令控制，以实现对飞行器的机动控制和数据上注。

四是拓展功能，即利用测控系统传输数据、图像和话音，这一功能使得测控系统在近代拓展成为测控通信系统。这预示着在当前和未来的宇宙开发和争夺制天权的竞争中，测控系统的重要性将更为突出。

远望号测量船是中国航天远洋测控船队的总名称，中国已建造 7 艘远洋测控船，分别命名为远望 1 号至远望 7 号测控船。远望号测控船上装备有完善的导航设备和精密的测量系统，其导航设备除一般舰船上使用的光学导航设备、天文导航设备、惯性导航设备、无线电导航设备外，还装备有卫星导航和声呐信标导航设备，从而可以精确测量船位，保证对导弹、卫星、飞船的测量精确。测量船上的测量系统有雷达跟踪系统，能连续跟踪飞行中的火箭、卫星、飞船；遥测系统可接收飞船发出的数据信息，并能转发给发射控制中心；VHF 语音通信系统，用于飞船与地面控制中心的话音通信，通信系统用于船上各部门间和外界的通信联系、数据传输；数据处理系统用于对各系统测得的数据进行综合处理，传送到发射控制中心。

远望号测量船上装备的多种精密测量系统，可以在预定海域，对进入其测量弧段的导弹、卫星、飞船进行跟踪遥测，并能精确测定它们的着落点，以便对卫星、飞船进行回收。

天基测控技术是航天测控系统的发展方向，是弥补地基（陆基、海基）测控系统缺陷、缓解地基测控资源紧张的有效办法。地基测控网存在轨道覆盖率低、维持费用高、多星测控能力弱等缺陷。应用天基测控技术，是满足未来航天器测控需求、解决地基测控网缺陷的有效途径。随着在轨运行卫星数量和种类的迅速增加，地基测控网承担的任务日益繁重、测控资源越来越紧张，迫切需要发展天基测控。

例如在发射“天链一号”03 星的长征 3 号丙火箭上，首次搭载了箭载天基测控终端和天线，之前组网的“天链一号”01 星、02 星也首次对长征 3 号丙火箭进行飞行测控，消除了火箭测控盲区。此次搭载的箭载天基测控系统，解决了之前火箭在滑行段测控无法全覆盖的问题，使地面可以实时了解火箭的飞行状态。该技术成熟，也用于其他型号的火箭。

“天链”组网成功后，可为中低轨道火箭发射提供覆盖全时段的测控信息，并可在火箭飞行中，对火箭姿态进行调整。一旦火箭出现故障，天基测控系统还可对故障进行记录或修复。同时，天基测控系统与地面站的测控系统相互配合，还可实现冗余备份，大幅增加火箭发射的可靠性。

（二）运载火箭发展历程

运载火箭历经60余年的发展，其发展历程按照不同指标可以划分为不同阶段，结合商业航天的主体，大致可分为创始期、发展期、商业航天兴起三个阶段。

1. 创始期

运载火箭创始期，主要指运载火箭的起步发展阶段，该阶段主要解决火箭能否进入空间的问题。20世纪50年代前后，苏联和美国从改进弹道导弹技术起步，研制成功了最早的运载火箭。1957年10月4日，苏联以R–7导弹为基础，成功研制发射“卫星号”运载火箭，成功地将人类第一颗人造地球卫星“斯普特尼克1号”送入太空，标志着人类航天时代的开始。1958年2月1日，美国成功发射丘比特C火箭，将美国第一颗卫星“探险者1号”送入椭圆轨道。1965年11月26日，法国成功发射欧洲第一种运载火箭“钻石A号”，将法国第一颗人造卫星“试验卫星1号”送入轨道。

在运载火箭创始期，大多数运载火箭型号都是小型或中型。这些运载火箭直接应用中程和洲际弹道导弹技术，而提高火箭运载的能力，一是通过捆绑助推器来增大起飞推力，二是增加火箭级数，使火箭在发射过程中逐级减少自身质量并不断提高飞行速度，获得更大发射能量。

2. 发展期

运载火箭发展期，主要是指在解决了空间能力有无问题后，运载火箭逐步根据工程需求升级换代，该阶段主要解决的是火箭性能的提升。

20世纪70年代后，美国、苏联在获得进入空间能力后，开始追求运载火箭的性能和工程应用。随着卫星和深空探测器需求的扩大以及载人登月的需要，美苏开始脱离弹道导弹技术专门研制运载火箭，逐步形成独立的运载火箭体系。欧洲、中国、日本、印度等也逐步开始运载火箭的研制，基本路程依然是先解决进入空间能力有无问题，再进一步提升运载性能。运载火箭发展期侧重于提高火箭性能，支持各种载荷的发射需求。

苏联、美国进入火箭发展期后，以基本型发展了系列化运载火箭（联盟号、质子号、宇宙神、德尔它等），提升火箭发射能力，支持工程应用。欧洲基于阿里安 1 型运载火箭，迅速发展了阿里安 2、阿里安 3、阿里安 4，成功占据了国际发射服务市场的大部分份额。中国基于东风 4 号导弹技术，发展了长征 1 号运载火箭，而后发展了现役的长征系列火箭。

20 世纪 90 年代至 21 世纪初，以大推力液氧 / 液氢、液氧 / 煤油发动机技术为基础，采用模块化、系列化设计和无毒、无污染推进剂的新型运载火箭相继投入使用。美国、欧洲、日本等完成一次性运载火箭升级换代。美国和欧洲等继续开展重复使用技术的研究验证。

衡量航天运载器技术水平不仅是大运载能力，还有低成本、高可靠性、易于操作和缩短发射准备周期等多个方面。美国和俄罗斯出于各自的发展需要，以及相互之间和与欧洲之间竞争的需要，在继续研究更先进的可重复使用航天运载器技术的同时，更大力加强对一次性使用运载火箭的不断改进。

3. 商业航天兴起

由于卫星应用的发展、空间探测的增多，空间站的建立与运行以及军事航天的要求等，对航天发射任务不断提出新的需求，并形成了国际商业卫星发射服务市场，商业航天逐渐兴起，在这一时期，运载火箭更加注重性价比，力求降低进入空间的成本。

2010 年，以 SpaceX 为代表的私营公司进入运载火箭领域，2012 年

10 月，猎鹰 9 火箭执行首次空间站补给任务[①]，2013 年 12 月将卢森堡 SES 公司商业通信卫星 SES-8 送入超地球转移轨道。SpaceX 迄今（2018 年 3 月）已完成 50 次发射，为北美、欧洲、亚洲等多个地区的客户发射卫星。猎鹰 9 火箭标准价为 6120 万美元，低于长征 3 号乙运载火箭国际发射报价，约为德尔它 4M、宇宙神 5401 和阿里安火箭报价的三分之一。SpaceX 计划未来进行 70 次发射任务，合同总价值达 100 亿美元，其中商业发射占三分之二。SpaceX 以低廉的价格和稳定的性能，在全球商用火箭发射市场上已逐渐超越美国其他公司以及欧洲和俄罗斯对手，占据最大市场份额，而这一差距还在不断拉大。

二、国内外发展现状

自 1957 年苏联首次成功实施航天发射以来，截至 2017 年 12 月 31 日，全球共进行了约 5870 次航天发射。目前，仅少数国家掌握了运载火箭技术，美国、俄罗斯、中国、欧洲航天局、日本、印度、以色列、伊朗和朝鲜等 9 个国家和组织具备独立进入空间的能力，其中，俄罗斯（苏联）共执行航天发射任务约 3340 次、美国约 1650 次、欧洲约 260 次，发射次数超过全球航天发射次数的 90%。近 10 年全球共进行 700 余次航天发射活动，年均约 70 次。其中，低地球轨道发射任务 353 次，占发射总数的 51.3%，发射失败 43 次，总成功率为 93.75%。

（一）美国

经过近 60 年的发展，美国研制了包括大、中、小型一次性使用运载火箭在内的多个火箭型谱，能够将小至数千克、大至几十吨甚至上百吨的载荷送入预定轨道，满足不同类型航天器的发射需求。美国拥有世界

① 第一个到访空间站的私人航天器。

领先的一次性运载火箭技术，以德尔它 4 和宇宙神 5 两大系列为主形成了覆盖各种轨道、发射大中小各种载荷的运载能力。60 多年来，美国先后研制了 10 余个系列上百种型号，土星 5 号仍是迄今人类研制的运载能力最大的运载火箭。

表 3–2 美国运载火箭

型号	LEO 运载能力	直径	长度	运载形式	备注
雅典娜 2	2000 千克	2.34 米	28 米	3 级固体	1998 年 1 月 6 日首飞，固体火箭
飞马座	460 千克	1.27 米	17 米	3 级固体	1990 年 4 月 5 日首飞，空中发射固体火箭
金牛座	1410 千克	2.36 米	27.56 米	4 级固体	1994 年 3 月 13 日首次商业验证飞行，固体火箭
米诺陶	SSO：340.5 千克	1.67 米	19.17 米	4 级固体	2000 年 1 月 26 日首飞，固体火箭
航天飞机	29500 千克	8.38 米	56.14 米	氢氧发动机捆绑固体助推	1981 年 4 月 12 日首飞，部分重复使用，目前已退役
猎鹰系列	570~28000 千克	1.7~3.6 米	21~53 米	2 级液体	美国政府支持的商业火箭
德尔它系列	2700~23000 千克	2.44~5 米	38~71 米	2 级或 3 级液体捆绑固体助推	EELV 计划系列火箭，现役主力

续表

型号	LEO 运载能力	直径	长度	运载形式	备注
宇宙神系列	10300~20500 千克	3.81 米	58~62 米	2 级液体 捆绑液体助推	EELV 计划系列火箭，现役主力
上面级	阿金纳、半人马座、惯性上面级等配合宇宙神、德尔它系列进行多星发射、深空探测等				

美国的火箭制造商经历了多家竞争、整合变更、商业兴起三大发展阶段，主要有 NASA、波音、洛马、联合发射联盟（ULA）、SpaceX 等，火箭发动机制造商以洛克达因公司为主，还有 RL-10 发动机的制造商普惠公司。

1958 年，美国首次利用陆军弹道导弹局研制的运载火箭发射了人造卫星后，多家企业包括马丁·玛丽埃塔公司、道格拉斯航空公司、通用动力公司等也进入了运载火箭制造行业。NASA 成立后，吸收了美国陆军弹道导弹局的火箭研发小组，结束了美国军方在运载火箭方面的涉足。其后的 20 世纪 80 年代初期，NASA 的航天飞机在发射市场处于垄断地位。

1995 年，美国国防部开始实施 EELV 项目，资助了波音、洛马两家公司，步入了两大巨头竞争的阶段。德尔它和宇宙神占据了美国卫星发射市场的 80% 以上，约在 2005 年，卫星发射需求严重不足，在联邦政府的支持下，波音和洛马两家公司于 2006 年成立合资企业 ULA，独揽美国空军、NASA 和其他政府机构的火箭发射项目，形成 ULA 垄断市场的现象。ULA 在 2006~2016 年的时间里，一直垄断着美国军事卫星发射，直到美国空军在 2016 年向 SpaceX 授予 GPS 卫星合同。

由于 ULA 垄断导致发射成本急剧上升，在美国政府政策支持和 NASA 技术支持下，美国私营航天企业 SpaceX、轨道 ATK 公司大举进军商业发射市场并获成功，其中，SpaceX 近 5 年占据了近 40% 的市场空间。另外，维珍银河、美国火箭实验室公司等，主要瞄准小卫星发射市场，致力于小型运载火箭研制。同时，火箭发动机市场格局发生了重大变化，SpaceX 决定自己研制梅林发动机，ULA 也在与 Blue Origin 合作研制低成本的 BE-4 液氧甲烷发动机，因火箭发动机需求完全被下游厂商掌握，而下游厂商正在向中游拓展，原来具备垄断优势的洛克达因公司下游市场需求正在遭遇严重危机。

表 3-3 统计了 2010~2017 年美国运载火箭发射次数。总体而言，美国每年发射的卫星数量呈逐年上升趋势，尤其在 2014 年以后，随着美国经济的复苏，其增长幅度较大，但从发射次数而言，年火箭发射次数并没有太过明显增长。为了降低发射成本，大型的小卫星星座计划，更多的是以“一箭多星”的方式进入预定轨道。因此，火箭发射次数总体而言虽略有增长，但趋势并不明显。

表 3-3 2010~2017 年美国运载火箭发射次数

年份	次数
2010	15 箭 36 星
2011	18 箭 35 星
2012	13 箭 29 星
2013	19 箭 69 星
2014	23 箭 124 星
2015	20 箭 121 星
2016	22 箭 72 星
2017	29 箭 151 星

表 3-4 反映了 2016~2017 年美国主要运载火箭型号发射情况，可以看出 ULA 的德尔它 4 和宇宙神 5 两大系列火箭仍然承载了美国的多项发

射任务，发射、搭载各种轨道大中小各种载荷的飞行器，ULA 仍为发射市场主流。同时，SpaceX 承载了越来越多的发射任务，近两年来分别为 8 次和 18 次，市场份额占比 36.4% 和 62%，增速显著。然而，轨道 ATK 公司的发射次数明显偏少，已不能算入美国发射市场主流，依然靠核心火箭安塔瑞斯发射货运飞船。

表 3–4　2016~2017 年美国主要运载火箭型号发射情况

供应商	火箭	次数
联合发射联盟	宇宙神 5	14
	德尔它 4	6
SpaceX	猎鹰 9	26
轨道 ATK	安塔瑞斯	2

（二）俄罗斯

俄罗斯具备向各种轨道发射大型载荷的运载能力，主力火箭主要采用苏联时期的设计和关键技术，正处在更新换代过程中。迄今，苏联/俄罗斯已经研制了东方号、联盟号（Soyuz）、旋风号、宇宙号、质子号（Proton）、天顶号等多系列，以及由退役战略导弹改装而成的多个型号的运载火箭。目前，质子号、联盟号和天顶号系列仍是俄罗斯进入空间的主要运输工具。

表 3–5　俄罗斯运载火箭

型号	LEO 运载能力	直径	长度	运载形式	备注
起跑号	700 千克	1.8 米	28.9 米	5 级固体	1995 年 3 月 28 日首飞失败，全固体火箭

续表

型号	LEO 运载能力	直径	长度	运载形式	备注
第聂伯 M	4100 千克	3 米	36.5 米	2 级液体	
飞行者空射火箭	3500 千克	3.2 米	32.5 米	3 级低温液体	研制中，液体空射火箭
质子号	12250~21000 千克	4.1 米	50~56.5 米	3 级或 4 级液体	
天顶号	GTO：6000 千克	3.9 米	59.6 米	3 级液体	
联盟号	4100~7800 千克	2.95 米	43.5~51 米	3 级或 4 级液体	
安加拉系列	2000~28000 千克	2.9/3.7 米	35~64 米	2 级至 3.5 级液体	持续研制中，液体火箭
上面级	质子号 D 级、微风、弗雷盖特上面级等配合质子号、联盟号等进行多星发射、深空探测				

国际发射服务公司的质子号在国际市场上具备相当的竞争力，正在推出针对国际商业市场的安加拉火箭。由俄罗斯能源火箭航天集团经营的海上发射服务公司于 2011 年恢复运营。该公司进一步改进天顶 –3SL 运载火箭，减轻火箭质量、增加推进剂储量并加大整流罩尺寸。科罗廖夫能源火箭航天集团是俄罗斯载人航天系统的主承包商，公司 38% 的股份由国家持有，业务领域涵盖载人飞船和货运飞船、轨道空间站机器组件、运载火箭上面级、中小型运载火箭、可重复使用航天运载器和广播通信卫星系统等。为国际空间站建造了进步系列、联盟系列飞船，并提供运送航天员和货物服务。

能源号火箭发动机的主要制造商为化工自动化设计局（KBKhA），质子号和安加拉火箭发动机的主要提供商为化工自动化设计局，以及 N–1 火箭发动机的制造商为苏联留利卡设计局。

图 3-1　联盟号运载火箭

图 3-2　质子号运载火箭

表 3–6 统计了 2010~2017 年俄罗斯运载火箭发射次数，其火箭发射次数普遍高于美国，但是卫星发射数量却远低于美国，只有 2017 年实现了卫星发射数量的暴涨，源于联盟号两次大型一箭多星的小卫星发射。近两年来，俄罗斯火箭整体发射次数不但没有明显增长，反而出现下降的趋势。

表 3–6　2010~2017 年俄罗斯运载火箭发射次数

年份	次数
2010	31 箭 47 星
2011	35 箭 65 星
2012	29 箭 40 星
2013	35 箭 94 星
2014	37 箭 99 星
2015	29 箭 38 星
2016	19 箭 27 星
2017	20 箭 115 星

表 3–7 记录了 2016~2017 年俄罗斯主要运载火箭型号发射情况，可以看出联盟号和质子号两大系列火箭承担了俄罗斯绝大多数的发射任务。近两年来，俄罗斯火箭整体发射次数没有明显增长，各个型号的火箭发射任务也相当稳定，其中，联盟号火箭发射次数占绝大多数，分别为 14 次和 15 次，市场份额占比 73.7% 和 75%；质子号火箭发射次数分别为 3 次和 4 次，仅增长了 1 次；隆声号（Rockot）火箭则为 2 次和 1 次，减少了 1 次。

表 3-7　2016~2017 年俄罗斯主要运载火箭型号发射情况

年份	火箭	次数
2016	质子号 M	3
	联盟号	14
	隆声号	2
2017	质子号 M	4
	联盟号	15
	隆声号	1

（三）法国

欧洲在大型运载火箭技术方面与美俄相当，其小型运载火箭技术发展迅速。1979 年 12 月，欧洲航天局成功发射了阿里安 1 火箭，此后又相继研制了阿里安 2、阿里安 3、阿里安 4 和阿里安 5 系列运载火箭。

表 3-8　法国运载火箭

型号	LEO 运载能力	直径	长度	运载形式	备注
阿里安 5	16000~21000 千克	5.4 米	54~60 米	2 级液体 捆绑固体助推	
织女星	SSO：1500 千克	3.025 米	31.06 米	4 级（前 3 级 固体、4 级液体）	发射成功
上面级	EPS、ESC-A、ESC-B 等配合阿里安 5 系列火箭进行多星发射、深空探测等				

阿里安火箭由欧洲航天局及国家中央发射场出资建造，以欧洲宇航防务公司（ADS，2013 年已更名为空中客车集团）为主要承包商，负责整合下游承包商。阿里安航天公司负责经营及销售阿里安火箭。欧洲宇航防务公司则在欧洲建造火箭及在圭亚那航天中心发射火箭。

在动力方面，阿里安 5 火箭发动机制造商为欧洲动力装置公司，该公司同时负责阿里安系列火箭其他型号发动机。

图 3–3　阿里安运载火箭

表 3–9 统计了 2010~2017 年法国运载火箭发射次数，其火箭发射次数和卫星数量均远低于美国和俄罗斯，且近年来没有明显增长的趋势。

表 3–9　2010~2017 年法国运载火箭发射次数

年份	次数
2010	6 箭 12 星
2011	5 箭 9 星
2012	8 箭 23 星
2013	5 箭 10 星
2014	7 箭 12 星
2015	8 箭 14 星
2016	9 箭 20 星
2017	9 箭 18 星

表 3-10 记录了 2016~2017 年法国主要运载火箭型号发射情况，可以看出，阿里安和织女星两大系列火箭承担了欧洲发射市场绝大多数的发射任务，其中，阿里安 5 火箭主要用来发射以通信卫星为主的传统大卫星，织女星火箭用来发射相对较小的遥感卫星。阿里安火箭发射任务占市场主流，由此可见，欧洲发射市场仍以发射大卫星为重点，但从数量上看并无明显增长，两款主要火箭型号的发射次数也相对稳定。

表 3-10　2016~2017 年法国主要运载火箭型号发射情况

年份	火箭	次数
2016	阿里安 5	7
	织女星	2
2017	阿里安 5	6
	织女星	3

（四）中国

中国运载火箭技术起步于 20 世纪 50 年代，经过 60 多年的发展，已形成长征 2 号、长征 3 号、长征 4 号等现役运载火箭系列，以及长征 5 号、长征 6 号、长征 7 号、长征 11 号等新一代运载火箭系列，长征 8 号以及重型火箭研制顺利推进。至今共形成 7 个系列 17 个在役型号的运载火箭产品，具备发射低中高不同轨道、不同类型卫星及载人飞船的能力。截至 2018 年 1 月底，我国长征系列运载火箭已飞行 265 次，成功率 96.2%。

长征系列运载火箭的总体研制单位为中国运载火箭技术研究院和上海航天技术研究院，火箭发动机制造商以中国航天推进技术研究院为主。近几年，中国航天科技集团有限公司以绿色环保、可持续发展为理念，推出了以液氧煤油等清洁能源为主动力的新一代运载火箭，其中，长征 5 号、长征 6 号、长征 7 号、长征 11 号等已成功实现首发。

表 3–11　中国长征系列运载火箭

型号	LEO 运载能力	直径	长度	运载形式	备注
长征2号系列	LEO：4100 千克 SSO：1100~1400 千克	3.35 米	41~43 米	2 级常规液体推进	采用四氧化二氮 / 偏二甲肼作为推进剂
长征2号 F	LEO：8100 千克	3.8 米	58.4 米	液体捆绑式2 级推进	采用四氧化二氮 / 偏二甲肼作为推进剂
长征3号系列	GTO：2600~5500 千克	3.35~4.2 米	53~56 米	3 级液体推进	三子级采用氢氧发动机
长征4号系列	LEO：4450~4590 千克 SSO：2370~2800 千克 GTO：1200 千克	2.9~3.8 米	47 米	3 级常规液体推进	采用四氧化二氮 / 偏二甲肼作为推进剂
长征5号	LEO：25000 千克 SSO：14000 千克	5.2 米	54 米	液体捆绑式推进	助推采用液氧煤油推进剂
长征6号	LEO：1600 千克 SSO：500 千克	2.6 米	29 米	3 级液体推进	一、二子级采用液氧煤油推进剂
长征7号	LEO：13500 千克 SSO：5500 千克	4.2 米	53 米	液体捆绑式推进	助推采用液氧煤油推进剂
长征11号	LEO：650 千克 SSO：350 千克	1.6 米	21 米	4 级固体推进	三子级采用N–15 高能固体推进剂，其余为丁羟固体推进剂
上面级	远征系列上面级与长征 3 号、5 号、7 号组合完成多项任务；SMA 上面级与长征 2 号丙组合完成探测、资源、实践系列卫星发射任务				

在中国的火箭制造领域，中国航天科技集团有限公司占据主导地位，

具备大中小型运载火箭研制能力。中国航天科工集团有限公司、多家民营企业近年来也积极布局，抢占小型火箭发射市场。近些年，受国际、国内小型卫星爆发性增长影响，小型低成本火箭发展迅速。除航天科技集团研制的长征 6 号和长征 11 号小型低成本运载火箭、航天科工集团推出的快舟系列火箭之外，其他小型低成本火箭成熟度较低，处于概念设计、方案设计、试验验证等阶段，尚未有真正用于商业发射的成熟产品。具体情况见下表。

表 3–12　国内小型低成本运载火箭情况统计

火箭名称	所属单位	运载能力	首飞时间
长征 6 号	上海航天技术研究院	500 千克 /700 千米 SSO	2015 年 9 月 20 日
长征 11 号	中国运载火箭技术研究院	350 千克 /700 千米 SSO 650 千克 /LEO	2015 年 9 月 25 日
快舟 1 号	航天科工火箭技术有限公司	470 千克 /290 千米 SSO	2013 年 9 月 25 日

长征系列运载火箭具有高可靠性和较高性价比，但受美国卫星出口管制规则影响较大。在商业发射业务的主要市场——商业通信卫星发射服务方面，单发长征 3 号乙运载火箭的发射服务报价约 7000 万美元，其中用于火箭研制生产约 4000 万美元，测、发、控等费用却高达 3000 万美元。SpaceX 的单发猎鹰 9 运载火箭发射服务报价约 6120 万美元，其中，测、发、控等费用仅几百万美元，其余全部用于火箭研制生产。

表 3–13 统计了 2010~2017 年中国运载火箭的发射次数，处于世界第一梯队，仅略低于美国和俄罗斯，但火箭发射卫星数量却远低于二者，且近年来没有明显增长的趋势，由于 2017 年长征火箭出现发射失利，也造成发射次数和卫星数量均有所下降，有望在 2018 年迎来较大增长。

表 3–13　2010~2017 年中国运载火箭发射次数

年份	次数
2010	15 箭 20 星
2011	19 箭 21 星
2012	19 箭 29 星
2013	15 箭 23 星
2014	16 箭 24 星
2015	19 箭 45 星
2016	22 箭 40 星
2017	18 箭 25 星

表 3–14 记录了 2016~2017 年中国主要运载火箭型号发射情况，可以看出长征系列火箭依然是中国运载火箭发射市场的绝对主力，其中，长征 2 号和长征 3 号两大系列火箭承担了我国火箭发射市场绝大多数的发射任务，分别为 14 次和 13 次，市场份额占比 35% 和 32.5%。长征 2 号丙和长征 2 号丁运载火箭主要负责低轨遥感卫星的发射任务，长征 3 号乙运载火箭负责 GEO 轨道通信卫星的发射任务。2016 年长征 5 号、长征 7 号以及长征 11 号新型运载火箭完成了试飞，2017 年快舟 1 号甲和开拓 2 号运载火箭也完成了首飞，新型号运载火箭开始走入市场。

表 3–14　2016~2017 年中国主要运载火箭型号发射情况

年份	火箭	次数
2016	长征 2 号系列	8
	长征 3 号系列	7
	长征 4 号系列	4
	长征 5 号	1
	长征 7 号	1
	长征 11 号	1

续表

年份	火箭	次数
2017	长征 2 号系列	6
	长征 3 号系列	6（一次部分成功）
	长征 4 号系列	2
	长征 6 号	1
	快舟 1 号甲	1
	开拓 2 号	1
	长征 7 号	1

总之，从数据分析上看，运载火箭是需求有限的小众领域，并且制造和使用受政府限制，如美国禁止美制零部件进入中国，各国也保护优先选用本国火箭，进行战略性保障。目前国内火箭制造企业完全可以满足国内市场的发射需要，并有能力承揽对外发射服务。

三、发展趋势

（一）技术趋势

由上可知，运载火箭发展历程分为三个阶段，不同国家运载水平处于不同阶段，如韩国等新进入航天的国家，在发展运载火箭上处于第一阶段，主要解决火箭有无问题以及努力提高火箭性能，这是国家发展的必然行为。美国、俄罗斯等传统航天强国，已步入商业化运营的成熟阶段，同时不断根据需求，提升自身火箭型号的性价比，努力降低进入空间成本。

1. 美国

美国作为世界头号航天强国，拥有完整的运载火箭型谱，具备大、中、小型运载火箭研制能力，其中，小型载荷主要依赖空射飞马座、米诺陶系列实施，大、中型载荷发射市场中拥有多个火箭系列，包括传统航天企业联合发射联盟的德尔它 2、4 系列和宇宙神 5 系列火箭，SpaceX 的猎鹰 9 火箭、轨道 ATK 公司的安塔瑞斯火箭，超大型及载人深空探测载荷发射未来将由 NASA 主导的太空发射系统（SLS）、SpaceX 的猎鹰重型、BFR 和 Blue Origin 的新格伦号火箭承担，从中可以看出由于大力鼓励私营商业航天发展，美国各个发射市场中存在火箭构型重叠和相互竞争的局面。

通过政策引导和技术与资金支持，美国政府及航天局扶植新型的私营商业航天公司开发新型运载器，激活商业发射市场，并持续推进重型运载火箭的研制工作，其中以政府支持的 SpaceX 更是在猎鹰 9 火箭的研制和发射中大放异彩，并且逐步进入和占领商业航天，乃至政府和军事航天发射领域。猎鹰 9 火箭在 2010 年首飞至今的七年多时间里，已从 Block1 构型升级至 Block3，一级安装 9 台梅林 -1D 发动机，二级采用 1 台梅林 -1D 真空发动机，其一子级可通过垂直回收技术实现箭体及重要部件的重复使用，以降低发射费用。与此同时，为了支撑后续更大载荷的发射任务需求，SpaceX 研制猎鹰重型火箭，每个助推级模块使用 9 台梅林 -1D 发动机，可根据不同任务载荷需求灵活选择重复使用模块，二级沿用猎鹰 9 火箭设计，使其最大近地轨道运载能力达到 63 吨、地球同步转移轨道运载能力达到 26 吨。通过最为高效的模块化组合，实现了在较小研制代价下的运载能力提升。

为了应对 SpaceX 在主流发射市场上的不断挑战，ULA 正在研制下一代发射系统（NGLS）火神火箭，取代德尔它 4 和宇宙神 5 两型 EELV 火箭，通过构型精简、产品性能提升，增强市场竞争力。火神火箭通过采用模块化设计，实现研制与发射成本的持续降低。芯一级动力有两种可能选择，首选与 Blue Origin 联合研制的 BE-4 液氧甲烷发动机，第二种选择洛克达因公司的 AR-1 液氧煤油发动机。芯二级初期直接采用成熟的半人马座液氢 / 液氧上面级，后续将新研制性能更加出色的先进低温上面级（ACES）。通过采用 4 米或 5 米不同直径的整流罩，选用数量不同的固体助推器以及不同的二级动力系统，构成不同火箭构型，GTO 轨道运载能力为 5~17 吨，该最大能力将比德尔它 4 重型火箭高出 30%。

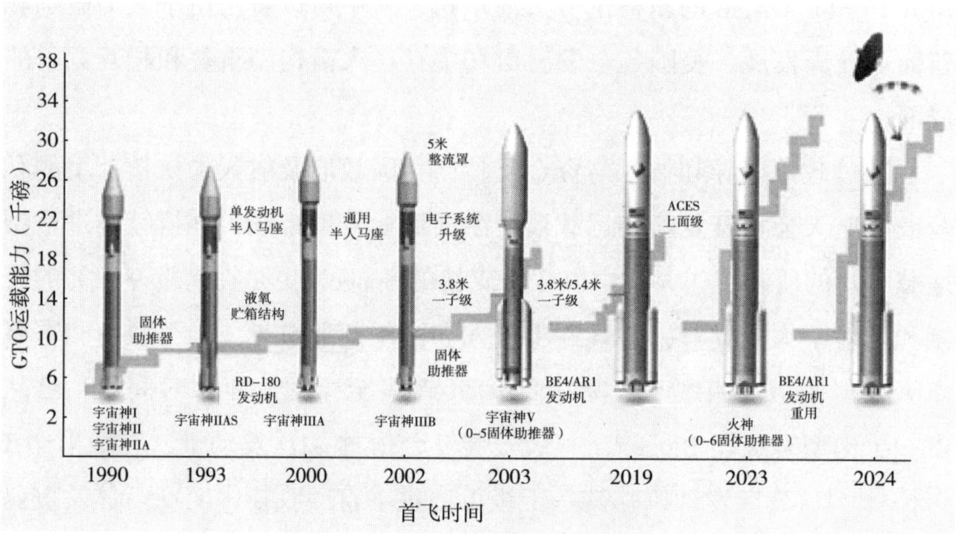

图 3–4　宇宙神系列火箭到火神火箭的发展路径 ①

2. 俄罗斯

俄罗斯作为航天强国，其运载火箭型谱很完善，与美国不同的是，其运载火箭型谱主要由液体发动机组成的运载火箭为主，其中小型运载火箭通过将液体战略导弹改进后形成的隆声号、第聂伯号、宇宙号等，现役中型火箭主要由联盟号、质子号、天顶号三个系列组成，其中，联盟号系列主攻近地轨道的载人与货运飞船发射任务，同时兼顾部分中低轨道卫星发射；质子号与天顶号承担高轨卫星发射任务，参与国际竞争，是俄罗斯商业发射市场的主力火箭。新研制的安加拉系列运载火箭原本想取代现有的隆声号、第聂伯号、天顶号和质子号等火箭，从而压缩构型仍能覆盖各个轨道发射市场，使俄罗斯的运载火箭可以保持独立并具有较强的竞争力。然而，安加拉运载火箭虽然取得了首飞成功，但其相

① 图片来源：联合发射联盟公开资料。

比质子号更昂贵的发射价格和较为缓慢的产品准备周期制约了其承接相应的发射服务任务，而且最近又提出发展大中型运载火箭联盟号 5 系列火箭，使得其中型火箭型谱未来发展变得扑朔迷离，其重型运载火箭具体构型方案和实施途径几乎每年都在发生变化。

安加拉系列运载火箭由赫鲁尼切夫空间中心作为研制总承包商，采用模块化设计、渐进式分阶段研制思路，由于其固体助推器研制能力有限，在研制之初即考虑采用通用液氧和煤油模块作为通用核心助推器，通过选用 2.9 米小直径的通用芯级，每个模块包括 1 个自制的 RD–191 发动机，通过模块化的捆绑形成运载能力的梯度覆盖。安加拉系列运载火箭分为小型安加拉 1.2、中型安加拉 A3、大型安加拉 A5 和重型安加拉 A7 四种型号，如下图所示。

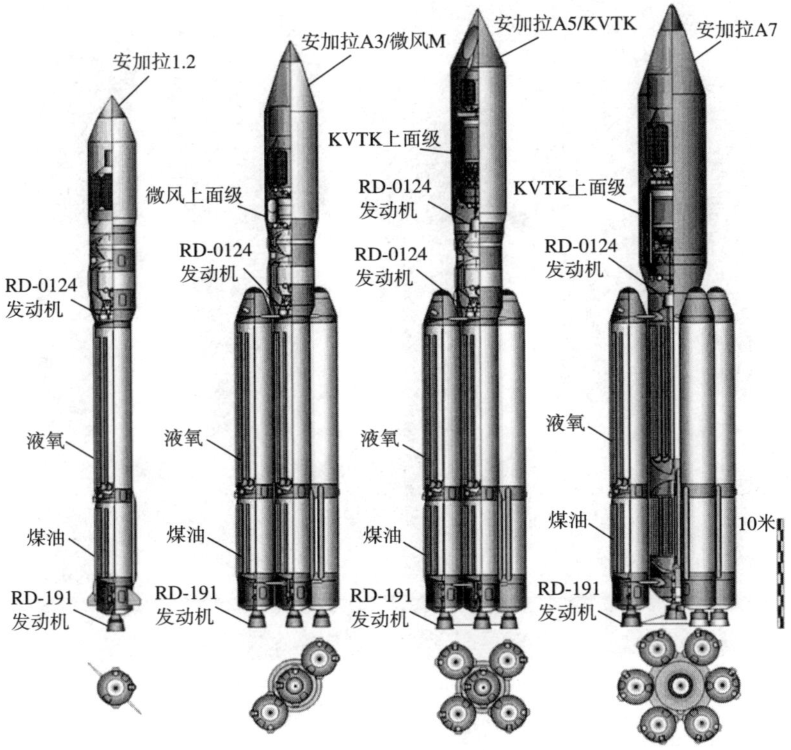

图 3–5 安加拉系列运载火箭示意图

研制安加拉系列运载火箭时，同步考虑采用返回式助推器方式对基础级火箭进行重复使用，初期的助推器被命名为贝加尔助推飞行器，该助推器为飞机与火箭的结合体，由闪电科研生产联合体设计。随着方案的细化与深入研究，科研人员发现贝加尔方案的主要不足为热防护层厚重以及飞行间维护的费用高昂等，为此新近提出可重复使用方案 MRKS-1，对贝加尔助推器的机翼进行改进，将原有的折叠机翼改为圆角机翼。按照计划，MRKS-1 能够将 25~35 吨的有效载荷发射到不同高度的轨道上，而发射费用将比目前降低 20%~30%，每年拟进行 20 次左右的发射。未来 MRKS-1 还计划发展载人型号。

图 3-6 MRKS-1 不同组合模式[①]

① 图片来源：赫鲁尼切夫空间中心（Khrunichev Space Centre）公开信息。

近期，俄罗斯国家航天集团根据制定的《2016年至2025年联邦航天计划》宣布，将在2018~2025年研制新一代中型运载火箭“联盟号5”，预计耗资约300亿卢布（约合5.17亿美元），并于2021年实现首飞，2022年首次载人飞行，未来联盟号5火箭将代替天顶号火箭，并取代安加拉A5P火箭用于发射未来的联邦号载人飞船，同时其一子级还将作为俄重型运载火箭的研制基础。联盟号5火箭总体设计工作由进步火箭与航天发展中心承担，其一子级将采用RD-171M发动机（动力机械科研生产联合体负责研制），二子级将采用RD-124M发动机（由化学自动化设计局负责研制），LEO运载能力可覆盖3~26吨。为加快火箭的飞行试验步伐，俄罗斯计划采用位于拜科努尔发射场的天顶号火箭发射工位，通过发射工位的翻新，使其适应新型运载火箭的发射需求。

近几年来，俄罗斯航天领域改革措施不断，通过成立统一的俄罗斯航天国家集团（由前俄罗斯航天局与联合航天集团合并而成），实现了权利统一和效率提高，还力图通过一系列深化改革改变目前俄罗斯航天领域发射故障频出、国际市场竞争力日渐削弱的不利局面，以实现俄罗斯航天强国的再次振兴。

3. 欧洲

欧洲多个国家联合开展航天发射活动，一直以来主要以较少构型满足国际主流发射市场需求为主，目前在役型号包括小型的织女星号，中型采用俄罗斯的联盟号ST，大型采用阿里安5系列进行一箭多星发射，未来将使用阿里安6系列替代阿里安5系列，承担主流商业高轨卫星发射。

阿里安6系列火箭将作为欧洲下一代运载器，其目的是满足欧洲持续的科学和商业市场发展需求，同时降低发射成本。历经长达10余年论证，最终确定了阿里安6系列火箭方案构型，具体方案为芯一级直径4.6米，仍然采用阿里安5系列火箭的火神2发动机，根据构型特点进行小幅改进；助推采用直径约 3 米的 P120 固体发动机，在织女星运载火箭一子级 P80 基础上改进而成；二子级直径 4.6 米，采用已有较好研制基础的“芬奇”发动机，基本继承阿里安 5ME 二子级；卫星支架和整流罩结构可直接借用现有阿里安 5 系列火箭的单星和双星发射结构体系。

欧洲航天局近期提出了基于垂直起降回收的阿里安 6 NEXT 火箭，该火箭有多种构型，均是基于 7 台“普罗米修斯”发动机并联的芯一级、1 台“普罗米修斯”发动机的芯二级以及 P120C 固体级组合而成，既有

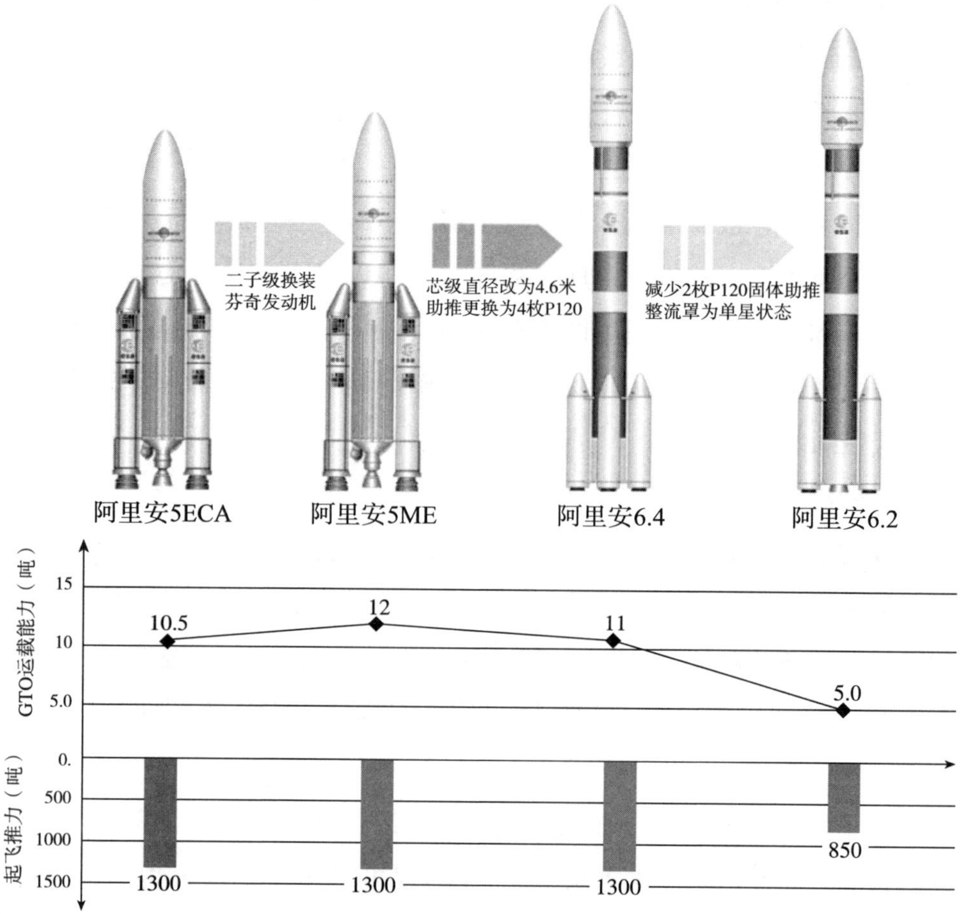

图 3–7　阿里安 6 系列火箭运载能力

传统重复使用技术得到关注，阿里安 6 NEXT 火箭提出几种重复使用的方案设想，这得益于“普罗米修斯”发动机 30%~110% 的节流能力。

4. 中国

2017 年 11 月，中国运载火箭技术研究院发布了《2017~2045 年航天运输系统发展路线图》，系统规划航天运输系统的能力建设前景与发展蓝图。其中，明确提到了如下内容。

至 2020 年，长征系列主流运载火箭能力要达到国际一流水平，面向全球提供多样化的商业发射服务。低成本中型运载火箭“长征 8 号”实现首飞，在役火箭实施智能化改造，商业固体运载火箭与液体运载火箭可为用户提供“太空顺风车”“太空班车”和“VIP 专车”等商业发射服务。

至 2025 年，可重复使用的临近空间运载器研制成功，临近空间太空旅游成为现实。空射型运载火箭将快速发射能力提升到小时级，智能化低温上面级投入使用，运载火箭将有力支撑空间重大基础设施建设、空间站运营维护、无人月球科考站建设。商业航天建成集地面体验、商业发射、太空旅游、轨道服务于一体的系统体系。

至 2030 年，重型运载火箭将实现首飞，航天运输系统水平和能力进入世界航天强国前列。重型运载火箭将为载人登月提供强大支持，并为火星采样返回提供充足的运载能力。以火箭发动机为动力的两级完全重复使用运载器研制成功，火箭型谱更加完善。

至 2035 年，运载火箭实现完全重复使用。以智能化和先进动力为特点的未来一代运载火箭实现首飞，高性能智能化空间运输系统将实现广泛应用，航天运输系统为基本实现社会主义现代化提供有力支撑。

至 2040 年，未来一代运载火箭投入应用，空间运输系统实现长时间、多次星际往返。组合动力两级重复使用运载器研制成功，核动力空间穿梭机出现重大突破，运输工具能够有效支持大规模的空间资源勘探和开发，小行星采矿和空间太阳能电站有望成为现实。

至2045年，中国具备规模人机协同探索空间的能力，装备和技术总体处于国际领先，有力支撑航天强国目标的全面实现。进出空间和空间运输的方式将出现颠覆性变革，组合动力单级入轨重复使用运载器研制成功，新型动力进入实用性开发，天梯、地球车站、空间驿站建设有望成为现实。此外，在先进运输系统的支持下，针对太阳系内的行星、小行星、彗星等目标的人机协同探索可以常态化、规模化开展，探索和利用空间进入高速增长期。

当前中国已研制成功17型长征系列运载火箭，形成了能把卫星、飞船等航天器送到地球任何轨道，具备开展月球和深空探测的运载能力。

按照《2017~2045年航天运输系统发展路线图》的研究成果，到2045年，中国航天运输系统将处于国际领先地位，航天综合实力位居世界前列，具有强大的国际竞争力、国际影响力和自主创新能力，航天梦将有力助推中国梦的实现。

5. 小结

综上，各国技术发展趋势具有如下特点。

一是大国为深空探索发展重型火箭。美、俄、欧等航天大国和机构目前都建立起了比较完整的运载火箭型谱，随着航天技术的发展和发射市场需求的变化，这些航天大国仍在对其型谱从火箭性能提升和研制新型火箭两个层面进行完善和优化，从而实现运载火箭型谱的持续完善优化，支撑各个航天大国和机构的航天实力持续提升。

二是各国采用创新技术不断提高可靠性、降低发射成本，包括研制和发射成本。由于商业航天的影响，各国运载火箭技术发展由单纯追求更大运载能力向“快速、经济、可靠、安全”等方向转变。各国火箭均将子级模块或重要部段的重复使用作为后续降低发射服务费用、提升火箭市场竞争力的有力手段；利用在线故障诊断与控制律重构，提高火箭的飞行可靠性，这也是未来传统运载火箭技术发展与市场需求结合的必然趋势。

三是“模块化、组合化、系列化”设计思路符合当前航天领域的发展趋势。在主流发射市场激烈竞争的形势下，各国研制火箭均采用了基于“模块化、组合化、系列化”的设计思路，采用更少的模块组合形成满足不同运载能力需求的构型，采用标准化、模块化的卫星适配器、整流罩，继承前期成熟火箭构型模块的研制基础，最大程度地降低火箭研制费用，减少产品生产设备数量和规模，提升产品配套能力、缩短任务准备周期，简化发射场的使用操作流程，并最终提升火箭产品市场竞争力，符合当前主流航天发射市场的发展趋势和潮流。

四是新兴航天国家主要解决有无和性能提高问题。传统航天强国因为其火箭技术完备、型号齐全，已具有一定的技术储备，其发展趋势受到商业化和市场因素的影响。而新兴航天国家尚不具备成熟的运载能力，当前阶段更多的是在国家资金的扶持下，重点解决有无问题，并且力争不断提高运载火箭能力，服务于国家安全战略等顶层领域。

（二）市场需求

1. 历年发展统计

“十二五”期间，高轨道商业发射服务市场全球共签订 64 份高轨卫星发射订单，其中，阿里安公司签订 33 份订单，国际发射服务公司签订 9 份订单，海上发射公司签订 4 份订单，洛马公司签订 1 份订单，SpaceX 签订 12 份订单，日本三菱重工株式会社签订 2 份订单，中国签订 3 份订单。2015 年，阿里安公司签订 21 份发射服务合同，其中高轨卫星发射订单达 17 份，SpaceX 签订 9 份发射服务合同，其中高轨卫星发射订单达 5 份；国际发射服务公司签订 6 份发射服务合同，均为高轨卫星发射订单；中国签订 1 份亚太 6C 高轨卫星发射服务合同。据对国际主流商业火箭发射价格统计，目前 GTO 轨道单位有效载荷的发射价格在 1~2 万美元 / 千克，LEO 轨道单位有效载荷发射价格以 1 万美元 / 千克以下居多。

从高轨商业发射服务签约数量看，国际商业发射市场已由阿里安公司和国际发射服务公司为主导的欧、俄独大局面，全面转向美、欧领衔的新格局，美国 SpaceX 公司接连完成里程碑式发射，并以低成本、高可靠的优势赢得众多用户的青睐。国际发射服务公司的明星产品——质子号故障频发，海上发射服务公司待重组后才能重新进入市场。日本三菱重工株式会社一直在努力进入国际商业卫星发射服务市场，2014 年获得了运营商 Telesat 和制造商 ADS 的认可并夺得订单，其未来竞争实力在发射市场上不容小觑。

LEO/SSO 商业发射服务市场竞争态势表现为供应充足，竞争激烈。在过去的几年中，微小卫星技术实现了巨大进步，在应用能力上实现了突破，将扩展到通信和对地观测领域。巨大的市场需求和巨额投资的涌入，互联网思维的引进，使得微小卫星全面进入了商业领域，加速了低轨发射市场的蓬勃发展。2006~2015 年 10 年间，全球共发射了 1480 颗微小卫星，市场总额达 125 亿美元。1000 千克以下的卫星占每年发射卫星的比例已稳定保持在 40% 以上。

2016 年、2017 年发射次数统计见表 3–15、表 3–16。

美国 2016 年共进行了 11 次商业发射，发射次数与政府卫星和军事卫星发射次数持平，占当年全球商业发射份额的 52%，相比 2015 年增长了 36%。欧洲 2016 年共进行了 8 次商业有效载荷的发射，占全球商业发射份额的 38%，相比 2015 年增长了 27%。俄罗斯的商业发射份额降低至 10%，2016 年进行了 2 次发射，相比 2015 年 23% 的发射份额有所降低。印度和日本 2015 年均有商业发射，但 2016 年两国均没有商业发射。

表 3–15　2016 年全球发射服务次数统计表

<table>
<tr><th colspan="2">国家或发射服务商</th><th>发射次数</th><th>发射次数占比</th><th>总计</th></tr>
<tr><td colspan="2">俄罗斯</td><td>19</td><td>22.4%</td><td rowspan="11">85 次</td></tr>
<tr><td rowspan="3">美国</td><td>联合发射联盟</td><td>12</td><td rowspan="3">26%</td></tr>
<tr><td>SpaceX</td><td>8</td></tr>
<tr><td>轨道 ATK</td><td>2</td></tr>
<tr><td colspan="2">中国</td><td>22</td><td>26%</td></tr>
<tr><td colspan="2">阿里安宇航公司</td><td>9</td><td>10.6%</td></tr>
<tr><td colspan="2">印度</td><td>7</td><td>8.3%</td></tr>
<tr><td colspan="2">日本</td><td>4</td><td>4.7%</td></tr>
<tr><td colspan="2">以色列</td><td>1</td><td>1%</td></tr>
<tr><td colspan="2">朝鲜</td><td>1</td><td>1%</td></tr>
</table>

表 3–16　2017 年全球发射服务次数统计表

<table>
<tr><th colspan="2">国家或发射服务商</th><th>发射次数</th><th>发射次数占比</th><th>总计</th></tr>
<tr><td rowspan="3">美国</td><td>联合发射联盟</td><td>8</td><td rowspan="3">31.87%</td><td rowspan="12">91 次</td></tr>
<tr><td>SpaceX</td><td>18</td></tr>
<tr><td>轨道 ATK</td><td>3</td></tr>
<tr><td colspan="2">俄罗斯</td><td>20</td><td>21.98%</td></tr>
<tr><td colspan="2">中国</td><td>18</td><td>19.78%</td></tr>
<tr><td colspan="2">阿里安宇航公司</td><td>9</td><td>9.89%</td></tr>
<tr><td colspan="2">日本</td><td>7</td><td>7.69%</td></tr>
<tr><td colspan="2">印度</td><td>5</td><td>5.49%</td></tr>
<tr><td colspan="2">乌克兰</td><td>1</td><td>1.1%</td></tr>
<tr><td colspan="2">伊朗</td><td>1</td><td>1.1%</td></tr>
<tr><td colspan="2">新西兰</td><td>1</td><td>1.1%</td></tr>
</table>

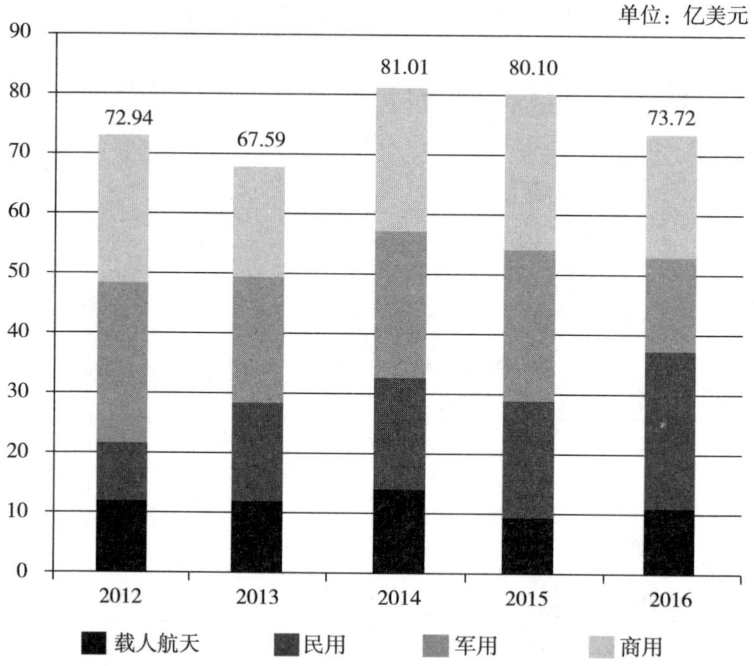

图 3-8　2012~2016 年发射服务价值（按市场分类）①

2. 未来市场分析

根据欧洲咨询公司的分析，2016~2025 年间，全球有望制造并发射 1450 颗卫星（大于 50 千克），发射服务产值约为 550 亿美元，其中，商业卫星数量约占总卫星数量的三分之一；地球同步轨道卫星约 388 颗，占比 27%；近地轨道卫星约 836 颗，占比 58%。预计全球制造并发射 3600 颗微小卫星（小于 50 千克），其中三分之二属于小卫星星座，市场总额将达 220 亿美元。

根据欧洲咨询报告，未来 10 年发射服务市场预测如下。

① 数据来源：欧洲航天工业协会。

表 3-17　未来 10 年发射服务市场预测[①]

年份	政府发射	商业发射	共计	增长率
2007~2016	350 亿美元	170 亿美元	520 亿美元	18%
2017~2026	410 亿美元	210 亿美元	620 亿美元	24%

随着各大星座的纷纷公布，未来 10 年卫星制造的数量有望大幅增长，但增量市场仍以小卫星为主，传统大卫星数量基本保持稳定。然而，发射卫星的颗数并不等同于发射次数，小卫星造价低、质量轻，为了降低发射成本，更多的将会以“一箭多星”的方式发射入轨。根据欧洲咨询报告，未来 10 年发射市场全球规模预计达 620 亿美元，10 年增长率为 19%，预计不会明显高于全球 GDP 增长速率及通货膨胀水平。结合 2016 年、2017 年众多小卫星星座已开展部署，但发射数量并未大幅提升的事实，未来 10 年的年发射订单数量应该也不会大幅上升，而是保持平稳。从用途来看，商业发射增长速率 24% 略高于政府及军用卫星发射增长速率 18%，但发射服务市场主要份额依然是政府及军用卫星，其 67% 的占比基本没有变化。

表 3-18　2012~2020 年各类型卫星发射数量、次数及预测

年份	导航卫星	GEO 通信卫星	遥感卫星	低轨通信卫星	微小卫星
2012	9 颗 6 箭	27 颗 23 箭	27 颗 23 箭	0 颗	7 颗 1 箭
2013	2 颗 2 箭	25 颗 23 箭	15 颗 14 箭	16 颗 4 箭	63 颗 3 箭
2014	11 颗 10 箭	26 颗 21 箭	27 颗 25 箭	9 颗 2 箭	4 颗 1 箭
2015	14 颗 10 箭	32 颗 26 箭	32 颗 19 箭	18 颗 3 箭	70 颗 7 箭
2016	14 颗 12 箭	22 颗 18 箭	27 颗 26 箭	0 颗	26 颗 4 箭
2017	10 颗 7 箭	33 颗 27 箭	26 颗 21 箭	40 颗 4 箭	109 颗 3 箭
2018	16 颗 11 箭	20 颗 17 箭	33 颗 27 箭	38 颗 4 箭	81 颗 8 箭

① 数据来源：欧洲咨询报告。

续表

年份	导航卫星	GEO 通信卫星	遥感卫星	低轨通信卫星	微小卫星
2019	9 颗 5 箭	22 颗 19 箭	28 颗 22 箭	199 颗 8 箭	124 颗 9 箭
2020	17 颗 10 箭	19 颗 17 箭	30 颗 27 箭	353 颗 12 箭	96 颗 9 箭

如表 3–18 所示，2012~2020 年，从导航卫星看，随着主流的导航星座美国 GPS、中国北斗、俄罗斯格洛纳斯以及欧洲伽利略的部署，导航卫星每年的发射数量趋于稳定，未来印度、日本等国家的导航卫星和传统导航星座的替代星的发射，将会弥补传统星座部署趋于完善所下降的卫星数量，总体仍可趋于平稳，发射次数也较为稳定；表中 GEO 轨道通信卫星统计了军、民用通信卫星的数量，卫星总数多年来保持稳定，每年保持 20 多次的卫星发射，未来趋势预测也没有明显变化；表中的遥感卫星包含了军事侦察卫星、气象卫星、对地观测卫星等各类遥感卫星，卫星总数趋于稳定，发射次数由于“一箭多星”的应用曾一度有所下降，但随着微小卫星搭载的需求增多，发射次数重新归于稳定；小卫星数量近年来呈现出爆发式增长，但多是采用搭载和“一箭多星”的方式，对总体的发射次数贡献不大。

低轨通信卫星星座是新兴且预期规模可观的市场，SpaceX 公布了 1.2 万颗卫星的庞大低轨通信卫星星座计划，OneWeb 在 2017 年批准的 720 颗卫星组网的基础上，又向美国联邦通讯委员会（FCC）请求增设 1260 颗卫星，从而使卫星总数达到 1980 颗，波音公司也提出了规模达到近 3000 颗的星座计划。预计 2018~2019 年间，这些公司会开展技术试验，通常是发射几颗试验星进行在轨验证。从当前情况来看，低轨通信卫星星座组网多采用“一箭多星”的方式，而并非完全寻找搭载，未来每年有望增加 10 次左右的发射机会。若这些公司中有两家以上的星座计划可以全面开展实施，则可持续增加发射次数。以 SpaceX 和 OneWeb 为例，

SpaceX 计划一期共有 32 个轨道面，每个轨道面 50 颗星，以“一箭多星”的方式分两次部署，则产生 64 次发射机会；二期共有 51 个轨道面，每个轨道面 50~75 颗星。OneWeb 计划针对 18 个轨道面进行 18 次发射，每三至四周发射一次，每次发射 32 颗卫星。如果这两大星座计划得以顺利实施，那么未来初期和中期的组网建设便可增加 250 次左右的发射机会，每年增加近 30 次的发射次数，市场可观，但能否执行星座规模及部署进展仍需持续跟踪。

总体而言，根据过去数年的历史推断以及对未来的计划预测，在不考虑大型低轨通信卫星星座的情况下，年均发射次数将保持平稳略有增长，每年约 90 次，随着众多技术验证星的发射，未来两年有望突破每年 100 次的发射，如果有两个以上的大型星座可以顺利持续部署，未来将有望突破每年 130 次的发射。

四、政策研究及思考

（一）发射卫星必须得到相关发射许可

运载火箭进入空间的能力，是国家实力的象征，也是国家国防能力的体现，得到了政府的高度重视和保护。关于火箭的研制与发射，国外有相关政策，相关企业或单位必须获得进入空间的相应许可。例如，美国的商业发射必须获得美国联邦航空管理局（FAA）商业发射许可的资格，如是政府或是军事卫星则要求更为严格。美国对运载火箭发射政府载荷，有相应的政策规定，而发射美国军事和国家安全卫星，更是需要获得美国空军认证的国家安全任务资格证书。2015 年 5 月，SpaceX 经过长期努力，终于获得美国军事卫星发射资格，一举打破了 ULA 对美国政府有效载荷发射服务的垄断。之后，SpaceX 多次为美国政府执行国家安全相关的航天发射任务；2017 年 5 月，SpaceX 为国家侦查局发射卫星，9 月，又为美国空军发射 X–37B 空天飞机。2018 年 1 月，猎鹰 9 火箭将 1 枚美国政府绝密卫星——“祖玛”成功发射升空。

在发射卫星方面，美国还非常重视监管。在美国发射卫星必须经过 FCC 的许可，FCC 会从多个角度对卫星作出全面分析，从而决定是否批准卫星发射。2018 年 1 月 12 日，印度以“一箭多星”的方式发射了 1 枚 PSLV 火箭。在该次发射任务中，火箭搭载的隶属 Swarm Technologies 公司的 4 颗卫星（SpaceBee1、2、3、4）并未取得 FCC 的授权，成为历史上第一例商业卫星违规发射。2017 年年底，FCC 就这 4 颗立方星的体积和雷达反射器存在安全隐患，甚至可能因此引发卫星相撞事故，驳回了 Swarm Technologies 公司的卫星任务申请。Swarm Technologies 公司在没有取得 FCC 授权的情况下发射卫星，受到了 FCC 的严厉警告和惩处。FCC 不仅给 Swarm Technologies 公司发送了警告信，取消了授权该公司 2018 年 4 月由 Rocket Lab 公司发射另外 4 颗卫星，还警告称“如果 Swarm 不能对此次违规发射给出一个合理的理由，那么这家公司将再也见不到他们规划中的卫星网络从构想变为现实”。当前美国政府依然在对此事进行处置调查。

作为美国政府一级的权威机构，FCC 代表着美国政府对太空资源分配利用的态度和立场，影响着美国通信政策的走向。美国对航天领域的监管一向较为成熟完备，走在世界的前列，如果 FCC 批准的卫星发生恶劣事故，外国的航天机构和公司都会对 FCC 乃至美国能否遵守太空法规产生质疑，所以美国政府一向非常重视对卫星发射的审批，针对此次事件，美国政府也拟采取相应措施。

（二）运载火箭发展需要国家支持

火箭发展需要人力、物力、财力等大量投入，这些投入多是得到了国家的支持，包括基础设施投入和研制投入等，在发射场建设、测控中心建设以及火箭型号研制方面，各航天国家均是依托政府的持续资金投入及政策支持。SpaceX 作为私营企业，其发展运载火箭也得到了政府支持，NASA 和美国空军对新兴商业航天企业进行了大量的技术扶持和转移，如猎鹰系列火箭的梅林发动机就是采用了“阿波罗”计划登月舱下降级发动机的喷管技术；美国空军夸贾林群岛里根陆军试验中心发射场、范登堡空军基地 SLC-40 发射场提供给 SpaceX 用于发射猎鹰系列火箭。SpaceX 尽可能地采用各种成熟手段，包括成熟的技术、成熟的人才、成熟的设施等。通过整合各种优势资源，SpaceX 才能够以最短的时间实现技术突破和成本降低。此外，SpaceX 还可以使用美国国家发射场，正是美国政府多方面的支持，才促使了 SpaceX 的成功。

（三）传统航天大国重视重型运载火箭发展

重型运载火箭得到了各传统航天大国的充分重视，这主要是由于空间探索和深空探测的需求及重型运载火箭对技术的牵引性所决定的。随着航天技术的不断提升，人类越来越有能力实现自古以来探究宇宙的夙愿。人类的足迹已经踏上月球，然而浩瀚的宇宙还有许多未知的领域尚待开发研究，传统航天大国在具备了卫星应用及载人航天实力后，将更加重视对空间的进一步探索和对深空领域的探测，这使得发射更加大型的航天器成为必然。为将更重的航天器送入更远的空间，进一步发展重型运载火箭已成为各国共识。

（四）各国开始采用环保推进剂，重视无毒化发展

在火箭推进剂方面，国际社会普遍开始注重环保，采用环境友好型无毒型推进剂，氢氧高比冲、液氧煤油发动机及新型无毒发动机，将继

续得到发展。我国文昌航天发射场所发射的火箭，均采用无毒发动机，发射场可供旅游参观，形成了良性的社会和国际影响。

（五）进一步降低发射成本成为重点发展方向

可回收利用技术和海上发射是降低发射成本的有效途径，并减少了再生产消耗，更有利于环境保护。随着火箭技术的发展，可回收利用技术将更好地响应客户需求，海上发射也将成为解决地面发射工位不足的有效途径。这两项技术应该得到政府的充分支持，包括资金和政策等多个层面的扶持，使之大力发展。

（六）开放产业链，注重价值链分析，重视知本转化，支持运载火箭发展

运载火箭产业链的上游应当进一步放开，使企业更能按市场整合产业链。当前火箭的产业链上游较为固定，承研单位单一，价值链也相对固定，受市场影响较小，无法积极调整。因此，应适度开放部分制造段的环节给市场，充分发挥市场的积极调节作用，发掘细分领域的价值，提高产业效率和技术创新水平。国家鼓励军民融合，应制定政策开放产业链，按市场规律运作，使更多的企业能够进入该产业链中，从而提升产业链水平。

在价值链上，政府应引导企业的价值向高端转移，限制或避免在低端（制造）的恶性竞争，限制企业利用航天概念在金融市场上恶性圈钱。当前部分航天初创公司盲目进入运载火箭领域，并在技术储备不足、资金储备不充分、运营模式不成熟的情况下，激进进入火箭制造业，并通过降低价格等较低层次的商业手段抢占市场，形成恶性竞争，再以航天的概念在资本市场融资，这不利于我国商业航天的良性发展。企业特别

是国有企业进入运载火箭领域，在得到政府的相应许可时，还应充分考虑价值链，要使国有资产得以增值，并使之可持续发展。

在知本链上，国家政策应给予充分的重视，使知本能转化为资本，增加效益和积极性，重视人才的重要性，改革落后的人员激励方式，调动科技人员主动创新的积极性。同时还必须考虑价值链，利用价值链分析知本的应用方向。企业在进入航天领域时，一定要考虑和充分重视自身在进入该领域时所具有的知本；而政府批准企业进入时，也应考察该企业是否具备所申请进入领域的知本。

第四章　空间设施制造与空间应用

空间设施制造与空间应用是航天领域的核心，进入空间是航天之本，是为了更好地应用空间。随着空间应用的越来越广泛，以及与市场需求联系的越来越密切，其所占份额越来越大，商业航天的概念亦愈加突出。

一、空间设施制造

通俗地说，将卫星、空间探测器、载人空间站以及人造空间飞行器，统称为空间设施。空间设施制造是指任何可确定的将要发射和放置到空间或已经在空间中的设施制造。

（一）空间设施相关分类

空间设施分类很多，其中，空间基础设施是指利用空间资源环境，为经济社会各领域用户提供通信广播、导航定位授时、地球综合观测及其他产品与服务的天地一体化设施，由功能配套、长期持续稳定运行的空间系统与地面系统组成。

空间基础设施包括通信、导航、对地观测卫星。通信卫星是指用作无线电通信中继站的人造卫星，可以传输电话、电报、电视、传真和数据等。导航卫星是指通过卫星发射无线电信号，为用户提供导航定位和授时服务的卫星。对地观测卫星是指在空间利用遥感器收集地球大气，陆地和海洋目标辐射、反射或散射的电磁波信息，并加以记录，由信息传输设备发送回地面进行处理和加工，从而获取反映地球大气、陆地和海洋目标特征的信息的卫星，包括气象卫星、海洋环境卫星、陆地观测卫星等。载人航天器是指供人驾驶或乘坐并从事各类航天活动的航天器。空间科学探测主要包括探月等深空探测，以及空间科学卫星探测等。深空探测是指对月球及以远的天体和空间环境进行探测，按探测目标可将深空探测器分为月球探测器、太阳探测器、行星及行星际探测器等。

空间设施根据不同需求运行在各自的轨道上，其中，低地球轨道又称近地轨道，其轨道高度低于 2000 千米；高地球轨道远地点高度大于 30000 千米；轨道高度介于低地球轨道和高地球轨道之间称为中轨道。据此，空间设施按轨道方式可分为低轨道卫星、中轨道卫星和高轨道卫星。

（二）空间设施制造特点

空间飞行器在制造过程中要充分考虑在轨面临的真空、高低温交变、强电磁辐射等恶劣环境，要求设备健壮性要高。空间制造一般具有以下特点。

1. 不可维修性

空间飞行器除极少数载人和特殊用途外，大多数都无法维修或维修成本远高于空间飞行器本身，这就要求空间飞行器具有很高的可靠性。增加空间飞行器的可靠性可以从提升产品、元器件或部组件本身的可靠性加以实现，也可以通过冗余备份等手段实现。就提升可靠性而言，需要投入大量的人力、物力，通过设计、工艺、筛选、验证试验等多种手段，其成本增加巨大。冗余备份手段同样会使空间飞行器成本成倍增长。所以，空间设施制造的不可维修性决定了空间飞行器要有高可靠性，也使成本增高。

2. 自主工作性

空间飞行器具备在轨自主工作的特性，其在轨工作短则数月、长则几十年。在轨工作时，空间飞行器一是要维持一定的速度，达到特定的第一宇宙速度、第二宇宙速度乃至第三宇宙速度，必要时还需要通过发动机进行轨道调整；二是要维持能源供应，保证供电和温控；三是要维持姿态稳定，保证有效载荷正常工作，以及星地或星间通信顺畅。

3. 寿命约束

由于在轨飞行器受太空环境影响，造成元器件、原材料性能退化快，用于轨道维持携带的推进剂有限，使得飞行器在轨寿命有限。商业方面，其运营必须考虑飞行器的寿命，要做好折旧预算，并且需要对飞行器存在的未到寿命的突然失效进行预判。

4. 测控约束

在轨飞行期间要对飞行器进行跟踪测轨、获取飞行器状态信息、实施各种功能，这些都需要地面对飞行器进行跟踪测轨、遥测和遥控。通过对飞行器进行跟踪测轨，即测量飞行器的位置、速度、加速度，精确测定飞行轨道参数，确保其精确地进入预定轨道并按预定轨道飞行，或提供飞行试验鉴定的数据；通过对飞行器进行遥测，即将飞行器内传感器所采集到的数据，通过多路通信信道传输到地面遥测接收站，以便及时了解飞行器的飞行状态、飞行器内仪器的工作情况以及航天员的生理状况，从而保证飞行任务的圆满完成；通过对飞行器进行遥控，即采用多路通信信道，通过地面站对飞行器进行远距离指令控制，以实现对飞行器的机动控制和数据上注。

测控功能的实现对地面设备依赖很大，虽有天基测控手段可以利用，但地面测控网不可或缺，测控网作为一个大系统，除必要的技术手段外，地理位置尤为重要。

5. 重量约束

受限于运载能力和整流罩尺寸包络，在轨飞行器重量不可能无限增长，无法依靠多重备份手段增加可靠性，这就要求设备在可靠性保证的基础上具备更加轻型化、小型化的特点，使单个飞行器能承载更多的有效载荷，以尽可能提高载荷比，实现更多功能。减少重量和体积还有利于运载火箭的选型或“一箭多星”发射，降低发射费用。

6. 元器件可靠性等级高

宇航元器件从大的类别上来说就有集成电路、分立器件、电连接器、继电器等20大类，元器件用户单位涉及众多航天型号，品种多、批量小、可靠性等级要求高、生产过程质量控制要求严，对含水量、杂质、多余物控制和生产过程数据记录等多有专门要求，加之抗辐照等特殊要求，成本高、价格贵是各国航天界面临的共同问题。宇航元器件要求抗辐照、小功耗、高集成、长寿命，高可靠是保证空间设施长寿命的必备条件。例如，高轨通信卫星在轨寿命15年，必然要求元器件在空间无保护辐照复杂环境下的寿命要在15年以上。

7. 大型空间设施涉及多领域，创新系统性强

大型空间设施多是国家行为，如美国载人登月工程、航天飞机、空间站等通常涉及很多方面和跨领域工作。大型空间设施之所以能立项研制，其本身就带有重要的使命和创新性的概念。创新性概念的工程必然包含众多创新的技术及方法，这就需要多学科、高水平的技术人员，高水准的技术设施，高效协调的管理机制，高强度的经费保证，因而，大型空间设施是系统性很强的工程，也更需要有责任心的人才。

8. 大型空间设施制造试验设施要求高

为了模拟外太空环境，以及检验空间设施在外太空工作的可靠性，需要在地面建造试验验证设施，比如需要在真空环境下模拟设备验证卫星产品在真空、冷热交变环境下的工作能力，需要振动台模拟运载火箭发射主动段的振动，需要紧缩场模拟空间复杂的电磁环境等，这些实验设施一般都很复杂，而且专用，制造和维护成本很高。

如图 4–1 所示的 SPF（Space Power Facility）是目前世界上最大的真空环模设备，位于美国 Glenn 中心的 Plum Brook Facilities，其直径 30 米，高 37 米。由于 SPF 庞大的体积，它通常被用于高能试验、火箭整流罩分离试验、火星着陆器系统试验，以及国际空间站硬件试验等。

图 4–1　SPF 外观

为了制造空间设施，航天大国投入巨资，建设了许多地面设施，这些设施有的是专用，有的是通用，有的是突破技术创新研制的，它们有效地保证了空间设施的研制和质量。

以典型的真空环模设备为例。美国典型的真空环模设备除上述的 SPF 外，还有 NASA 的 B-2 容器（Spacecraft Propulsion Research Facility），其内部直径 11.7 米，高 18.89 米，是目前世界上仅有的可进行完整的上面级点火试验的容器，而且容器内的温度、压力、太阳辐射均可随设定进行变化，提供了完美的 TLYF 试验方式（Test Like Your Fly）。在 B-2 容器的历史中，进行过 RL10 发动机 100 次成功点火试验、德尔它 3 火箭 RL10B-2 发动机 80 次点火试验以及德尔它 3 火箭上面级 12 次点火试验。

欧洲 LSS（Large Space Simulator）大型环模设备具有太阳模拟器，可进行航天器热平衡、热真空试验、大型机构展开试验等，其直径 10 米，高 15 米。

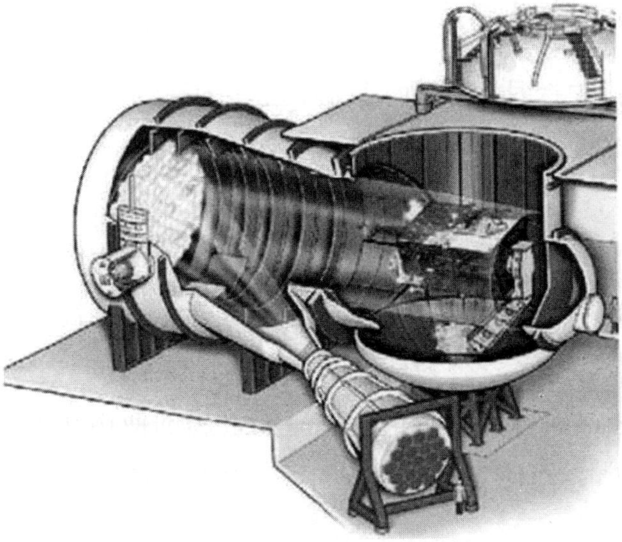

图 4-2　LSS 容器太阳模拟器结构

中国空间技术研究院 KM6 真空罐，其顶部大门 12 米，侧门 6.5 米，副容器大门 5 米，用于我国载人飞船等大型航天器热真空和热平衡试验。

图 4–3　KM6 真空罐

为验证相关探月工程技术，我国建造了大量地面实验设施，如全箭模态专项试验、大型月球着陆起飞综合试验场、地外天体采样封装任务试验场、月球轨道交会对接与样品转移全物理仿真实现系统、月球着陆试验架系统、全尺寸羽流导流试验系统、探测器探测过程方正验证中心、空间环境模拟器、高频感应加热风洞、高焓激波风洞、低密度风洞系统，这些设施为探索原理、试验技术、验证产品确保成功，起到了非常重要的作用，同时这些重要设施的使用和维护都需要大量的经费做保证，即使在有些设施不使用时仍需要保证其环境并进行维护。

（三）空间设施现状与发展趋势

1. 通信卫星

通信卫星通过转发无线电信号，实现卫星通信地球站之间或地球站与航天器之间无线电通信。通信卫星可分为低、中、高轨卫星，其中，低轨通信卫星的轨道高度为200~2000千米，中轨通信卫星的轨道高度为5000~15000千米，高轨通信卫星的轨道高度大于20000千米。

（1）通信卫星发展现状

自1958年首颗通信卫星斯科尔（SCORE）成功发射以来，经过数十年的发展和积累，目前形成了以美国、欧洲、俄罗斯、中国为主导，其他国家激烈竞争的格局。

美国是全球通信卫星制造发展最为全面、技术水平高的国家，依托其全球战略以及发展国民经济和维护国家安全等需求，在军、民、商各领域均发展了全球领先的通信卫星空间基础设施。欧洲打造了相对完备的通信卫星体系，其在轨卫星数量仅次于美国，技术水平先进，在一些领域甚至超越美国，领跑全球。俄罗斯此前受政府发展战略的影响，在民、商用通信卫星领域的投入相对较少，主要以军事应用为主，在轨规模和技术水平与美国和欧洲相比有较大差距，近年来随着经济的复苏，其加大了民、商用通信卫星的发展力度。

中国通信卫星在独立自主发展、瞄准国际水平、科研结合实践的原则上，发展了四代通信卫星，走过了从探索到实践、从试验到实用、从国内到国际的道路。经过40年的发展，我国在通信卫星领域形成了实用化的通信卫星平台，取得了世界瞩目的成就。

表 4–1　典型宽带通信卫星性能表

国家	卫星名称	发射时间	卫星平台	发射质量	设计寿命	工作频段	下行波束数量	数据吞吐量
美国	SpaceWay–3	2007 年 8 月 15 日	BSS–702	6075 千克	15 年	Ka	784	10 Gbit/s
法国	Ka–Sat	2010 年 12 月 26 日	Eurostar–3000	6150 千克	15 年	Ka	82	70 Gbit/s
中国	中星 16 号	2017 年 4 月 12 日	东方红 3 号 B	4600 千克	15 年	Ka	26	20 Gbit/s

（2）通信卫星发展趋势

1）全电推进驱动通信卫星低成本、长寿命发展方向

所谓全电推进，是指利用电推进系统完成轨道转移、在轨位置保持等传统由化学推进系统完成的工作。全电推进技术在通信卫星领域的应用富有前景，利用全电推进替代传统化学推进，可减少 90% 的推进剂携带质量，进一步节省发射成本，在商业市场具有很强的竞争力。美、欧主流制造商纷纷启动全电推进平台研制，欧洲咨询公司预测未来有超过四分之一的卫星是全电推进卫星，法国航天局产业预测研究未来半数以上是全电推进卫星。

2）高通量系统引领大型 GEO 通信卫星载荷能力提升

高通量系统（HTS）主要是指通过多点波束技术、频率复用技术以及高频段（Ku 和 Ka 等）通信技术，可提供比常规卫星高出数倍甚至数十倍通信容量的宽带卫星。据欧洲咨询公司统计，自 2004 年首个高通量卫星系统发展至今，全球部署了超过 50 颗卫星，在轨比例逐年增加。目前，近半数的卫星运营商发展了各自的 HTS，在宽带接入、移动海事和航空领域具有巨大的应用前景，是通信卫星领域发展最快、潜力最大的

一类卫星，成为近几年国内外 GEO 大型通信卫星领域的发展热点。

3）新兴低轨星座将推动行业向小卫星领域大幅拓展

近 20 年来，低轨通信星座领域历经深刻调整与变革，从 2014 年开始快速回潮并保持了各个维度的高位增长态势。在各界力量的持续推动下，新一轮低轨星座发展从概念和构想开始快速迈入实质性建设阶段。综合各个星座计划进展来看，从 2018 年开始，行业将正式迈入大规模密集部署阶段，2019 年或达到第一个高峰。从客观上看，数千、上万颗卫星研制，上百次密集发射，开启的不仅仅是卫星通信服务业不同轨道运营商竞争格局的重塑，也是传统卫星制造与发射能力深化调整和转型，是未来通信卫星领域发展的重要一极。

2. 导航卫星

导航卫星是指从卫星上连续发射无线电信号，为地面、海洋、空中和空间用户导航定位的人造地球卫星，世界四大卫星导航系统是美国 GPS、俄罗斯格洛纳斯、欧洲伽利略和中国北斗卫星导航系统。其中，GPS 定位系统轨道高度为 20000 千米。

（1）导航卫星发展现状

目前，导航卫星已经渗透到国家安全、经济发展以及人们日常生活等领域，成为重要的空间基础设施。截至 2017 年 12 月底，全球共成功发射 465 颗导航卫星，为全球提供定位、导航与授时服务。已完成部署与正在发展的卫星导航系统包括美国 GPS 系统、俄罗斯格洛纳斯系统、欧洲伽利略系统、中国北斗系统、日本准天顶系统和印度的印度区域导航卫星系统，具体在轨数量与相关技术指标见图 4–4、表 4–2。从制造角度的发展来看，新型原子钟技术、高效固态功率放大器技术、太阳电池技术等都将对未来卫星导航系统的发展产生重大影响。同时，通信与导航的融合构成了卫星导航系统技术创新发展的另一个重要途径，如铱星系统的卫星授时与位置（STL）服务、利用卫星导航系统星间 / 星地链路提供通信服务（如短报文等），将成为重要的发展方向。

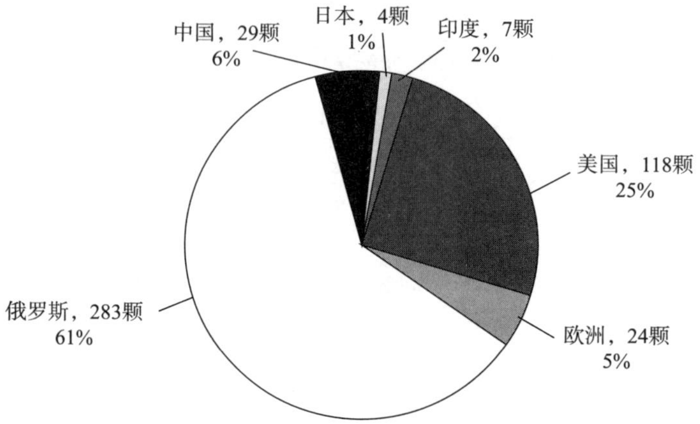

图 4-4　世界几个国家和地区导航卫星发射情况

表 4-2　国内外主要卫星导航系统对比

国家	空间信号测距误差	定位精度	测速精度	授时精度	星座构形	星座卫星数量	服务范围
美国 GPS	0.6 米	2~3 米	0.2 米 / 秒	20 纳秒	6 个轨道面，每个轨道面 4~6 颗卫星	32 颗	全球
俄罗斯格洛纳斯	0.9 米	3~5 米	0.2 米 / 秒	30 纳秒	3 个轨道面，每个轨道面 8 颗卫星	24 颗	全球
欧洲伽利略		4 米	0.2 米 / 秒	20 纳秒	3 个轨道面，每个轨道面 10 颗卫星	30 颗	全球
中国北斗		10 米	0.2 米 / 秒	20 纳秒			

（2）导航卫星发展趋势

1）精度服务成为导航卫星性能竞争的关键

从用户角度看，卫星导航系统的服务性能，特别是定位精度是用户取舍的关键影响因素之一。自 20 世纪 90 年代中期全球卫星导航系统投入运行服务以来，卫星导航系统定位精度不断提升，GPS 系统定位精度经历了从 100 米（可用性限制）到取消可用性限制（定位精度达到 30 米），目前 GPS 系统定位精度已经提升至 2 米左右，成为美国 GPS 系统在市场竞争中占据优势与主导地位的关键因素。未来卫星导航系统定位精度将进入亚米量级，竞争更趋激烈。

2）寿命是卫星导航系统维持与发展的重要支撑

全球卫星导航系统空间星座一般由 30 颗左右的卫星组成，如此庞大星座的维持、更新、替换需要相当高的投入。从美国 GPS 系统维持和发展的角度看，GPS 系统卫星长寿命、高可靠是其保持长期稳定运行的关键。以 GPS-2A 卫星为例，虽然设计寿命只有 7.5 年，但实际在轨工作时间一般均超过了 15 年，部分卫星工作时间甚至超过 20 年。这是美国 GPS 系统能够以 32 颗卫星保证 GPS 系统长期稳定运行的关键。

3）短报文服务是卫星导航与卫星通信融合发展的重要趋势

短报文服务是我国北斗系统创新发展的重要方面，正在影响着其他卫星导航系统的发展，代表了导航与通信融合的发展方向。继北斗系统之后，日本准天顶系统也将短报文服务（日本称之为短信息服务）作为其重要功能；美国 GPS 系统计划发展可用于星地通信的高速星地链路，进一步增强卫星导航系统的通信服务能力，实现卫星导航与通信的高度融合。

4）地面增强是卫星导航基础设施的重要组成

从定位导航授时服务需求的角度看，卫星导航系统的服务性能尚难以全面满足不断发展的卫星导航应用需求。物联网、智慧城市、自动驾驶等领域的发展，对定位导航与授时服务提出了更高要求。卫星导航系统与地面增强系统的结合可有效满足不断发展、变化的高精度卫星导航应用需求。北美、欧洲、日本等卫星导航应用产业较为发达的地区（国家）已经建设、部署了较为完整的地面增强系统。

5）国家投入、免费使用成为卫星导航系统建设和发展的重要特征

卫星导航系统是典型的军民两用系统，其民用信号是开放的，供全球所有用户免费使用。因此，与通信、遥感等卫星系统不同，商业服务模式既不能支撑卫星导航系统的维持与发展，同时也难以保证卫星导航系统服务于国家安全，特别是国防安全的能力。因而，卫星导航系统的建设和发展均由国家主导，其研发、试验、部署与运行管理全部由国家投入。卫星导航系统一般提供授权（军事）和开放（民用）两种服务，其中民用免费。欧洲伽利略系统还提供商业和生命安全两种收费服务，其发展全部由欧盟、欧洲航天局支撑。

3. 遥感卫星

遥感卫星是用作外层空间遥感平台的人造卫星，主要用于农业、林业、海洋、国土、环保、气象等领域的科学研究和工农业生产。通常，遥感卫星可在轨道上运行数年，卫星轨道可根据需要来确定，一般为400~700千米。

（1）遥感卫星发展现状

卫星遥感观测范围广，基本能够实现全球覆盖，并周期性地获得大气云层、地球表面、海洋环境、植被覆盖、人类活动等多种信息，因此，世界各主要国家均不断加大遥感发展的投入。美国发展了以光学、雷达、电子侦察和物理场探测为主的遥感卫星系统，体系完备，性能先进，具有代表性，居于世界领先水平。在成像侦察方面，美国在坚持发展大型、长寿命、超高分辨率的军用成像侦察卫星系统的同时，致力于构建军、

民、商相结合的对地观测卫星体系。特别是商用系统承担高分辨率观测任务，性能甚至超越其他国家军用系统。与美国相比，俄罗斯的遥感卫星系统体系不完整，遥感卫星在轨数量较少，尤其是商业卫星数量很少，系统可靠性也有待增强。欧洲具备较为完备的遥感卫星体系，但不同系统呈现不同的发展态势。成像侦察领域主要由各国分立研制、独立运行、互为补充，而环境监测系统主要在欧洲航天局带领下，共同研制。日本在成像侦察方面处于世界先进行列，目前在轨的 IGS 卫星星座光学卫星分辨率最高达 0.4 米，雷达卫星分辨率最高达 1 米，IGS 第二代系统已经全部部署完毕，正在积极开发第三代系统。

中国是世界上发展遥感卫星较早的国家，截至 2017 年年底，中国形成了风云、海洋、资源、环境减灾、天绘、高分、高景等对地观测卫星系列。其中，高景卫星是中国高分辨率商业光学遥感卫星，全色分辨率达到 0.5 米。表 4–3 对比了几种典型遥感卫星性能。

表 4–3　典型遥感卫星性能表

国家	卫星名称	重量	全色分辨率	多光谱谱段数	多光谱分辨率	图像定位精度	敏捷能力
美国	WorldView–3	2800 千克	0.31 米	16 个	1.24 米	3.5 米	强
法国	Pleiades	940 千克	0.7 米	4 个	2.8 米	10 米	25 秒内侧摆 60°
中国	高景卫星	550 千克	0.5 米	4 个	2 米	优于 20 米	

（2）遥感卫星发展趋势

1）大规模微纳卫星星座受到关注

美国军方和商业航天界均重视发展大规模微纳卫星星座。美国行星公司均已在各自主导发展的商业微纳卫星星座方面取得重要进展，其中的部分星座已初步具备业务应用能力，能够获取高时间分辨率的图像数据。此外，Spire 公司等商业气象公司也在部署商业气象微纳卫星星座。由于大规模商业微纳卫星星座所具有的低成本、高时效性、动态监测等系列优势，可作为现有大型传统系统的有效补充，成为未来遥感基础设施的重要发展方向。

2）已进入高空间分辨率时代，并重视发展高时间分辨率系统，使过顶侦察向持续监视转型

进入 21 世纪，国外光学成像侦察卫星发展非常迅猛，目前美国光学成像侦察卫星分辨率达到 0.1 米，高分辨率光学成像技术领先其他国家一代；商业卫星空间分辨率达到 0.31 米，达到或超过其他国家军用卫星水平。欧洲、以色列、日本已经拥有优于 0.5 米分辨率的光学侦察能力，印度、韩国明确了发展优于 0.5 米分辨率卫星的计划，高分辨率光学成像技术已经成为新兴航天国家首选的航天发展领域。在空间分辨率达到亚米级后，国外航天强国已将目光放在提高时间分辨率上。遥感卫星实现目标快速重访和连续监视是未来发展的重要应用方向，以满足成像卫星支持战术应用和新兴应用等需要。要实现这个目标，必然需要采用更高的卫星轨道，或在低轨部署大规模星座。在高轨道上实现战术应用的分辨率需求对光学成像载荷提出了更高的要求，并发展出越来越多的新技术，如单体大口径成像技术、稀疏孔径成像技术、空间分块可展开成像技术、薄膜衍射成像技术等。

3）重视向高图像定位精度、高测绘精度、多光谱和高光谱等精细化能力发展

在重视传统分辨率指标的同时，更加趋向于关注应用能力指标。目前，美国遥感卫星图像定位精度为 3.5 米，已达到航空遥感水平，卫星产品可以融入多源的对地观测产品中。国外卫星测绘水平精度达到米级，定量遥感呈现出巨大的商业潜力。美国商业卫星已具备 16 个多光谱谱段，

高光谱成像卫星正在从初步应用向业务应用发展。

4. 空间科学探测卫星

空间科学探测卫星是指用于科学探测和研究的人造地球卫星。根据用途的不同，空间科学探测卫星安装望远镜、光谱仪、盖革计数器、电离计、压力测量仪和磁强计等观测、测量、分析和试验仪器，进行高层大气、地球辐射带、地球磁层、宇宙线、太阳辐射和极光等空间环境的科学探测和研究，太阳和其他天体观测，以及空间生物试验和空间微重力试验。空间科学探测卫星轨道高度一般为 200~300 千米。

（1）空间科学探测卫星发展现状

截至 2017 年 12 月，美国、俄罗斯、欧洲、日本、中国、印度等国家和地区先后发射了约 240 个空间探测器，实现了月球、火星、金星、土卫六、小行星和彗星着陆，完成了月球、小行星、太阳风粒子及彗星粒子采样返回，有的探测器甚至正飞出太阳系，向更广阔的宇宙深处飞去。从全球看，美国在月球、火星、太阳系各大行星探索等方面都处于绝对领先地位，获得的科学探测成果也最为丰富。如美国发射的好奇号火星车是迄今技术最复杂、质量最重的六轮火星车，目前仍在火星表面工作，见图 4–5。欧洲发挥多国联合的特点，在火星、金星和彗星探测方面均取得了发展成就。日本在月球、金星探测和小行星采样返回探测方面取得了长足进步。中国在月球探测领域取得了显著发展，嫦娥探月工程成功实施 4 次探测任务。印度作为空间探测领域的后起之秀，完成了 1 次月球探测和 1 次火星探测任务。

中国未来将实施月球采样返回探测和月球背面软着陆探测，打造月球表面科研站，2018 年 5 月发射了嫦娥 4 号中继星“鹊桥”，计划 2018 年年底发射嫦娥 4 号探测器。中国火星探测已正式立项，计划 2020 年发射火星探测器，一步实现“绕、落、巡”工程目标；未来还将开展小行星探测、木星及其他行星探测任务。

图 4-5　美国好奇号火星车

（2）空间科学探测卫星发展趋势

1）重点探测目标继续深化，未来任务瞄向太阳系远端天体

当前各国开展的空间探测项目主要以月球、火星、木星和小行星为重点，为下一步建立深空基础设施、深空科学研究和地外天体资源利用奠定基础。未来月球探测将重点开展极区和月球背面的着陆探测，全面考察月球表面水的分布和矿物分布，建立月球科学研究基地，开发月球资源，以及利用月球有利的自然环境开展空间科学研究、天文观测和技术验证试验；火星探测将继续关注火星上水的分布及蕴藏量、过去和现在是否存在生命以及是否适合人类生存等问题；木星 / 土星及其卫星是搜寻地外生命的重要探测目标；小行星探测对于揭示太阳系的起源方面具有重要价值。未来空间探索还将实施太阳系各大行星的全面探索，以及努力到达太阳系的各个区域。

2）空间探测任务重视创新，探测系统和技术日趋复杂

未来空间探测的发展特点是探测对象多元化、任务设计重视创新和优化、探测距离由近及远、探测技术和手段不断扩展和丰富。从空间探

测技术发展趋势来看，未来将重视探测任务的创新设计；重视发展探测器的自主技术、资源利用技术和深空通信技术，从而降低地面操作的复杂性和任务的运行费用；重视发展有效载荷新技术，扩大任务的科学回报能力。在空间探测任务设计方面，多探测器组合探测成为趋势之一，新型探测概念不断涌现。

3）开展基础物理理论的深空验证，揭示宇宙奥秘

人类的空间探索还将冲出太阳系，向更深更遥远的宇宙迈进，为揭示宇宙形成奥秘、理解太阳系的起源和演化、搜寻系外行星、探寻地外生命痕迹、研究可居住星球的历史和未来提供线索。空间探测还是进行基础物理理论空间验证，获得人类文明新知识的重要平台。

5. 微小卫星

国际上将 1000 千克以上的卫星称为大卫星，将 500~1000 千克的卫星称为中型卫星，将 500 千克以下的卫星统称为小卫星，并进一步将 100~500 千克的卫星称为迷你卫星，10~100 千克的卫星称为微卫星，1~10 千克的卫星称为纳卫星，0.1~1 千克的卫星称为皮卫星，1~100 克的卫星称为飞卫星。微小卫星主要用于通信、对地遥感、行星际探测、科学研究和技术试验，特点是高集成、少冗余，为专业公司、科研机构、大学、中学提供科研实验。

（1）微小卫星发展现状

自 1957 年人类发射首颗人造地球卫星开始，至 2017 年年底，全球共发射 500 千克以下小卫星 2845 颗，实现了广泛的应用，覆盖通信、导航、对地观测、空间科学、技术试验等各个领域，已经成为航天领域的重要组成部分。过去 5 年，小卫星发射数量呈振荡增长态势，继 2015 年、2016 年小卫星发射数量连续 2 年回落后，2017 年发射数量翻倍增长，处于历史最高发射水平。见图 4–6、表 4–4。

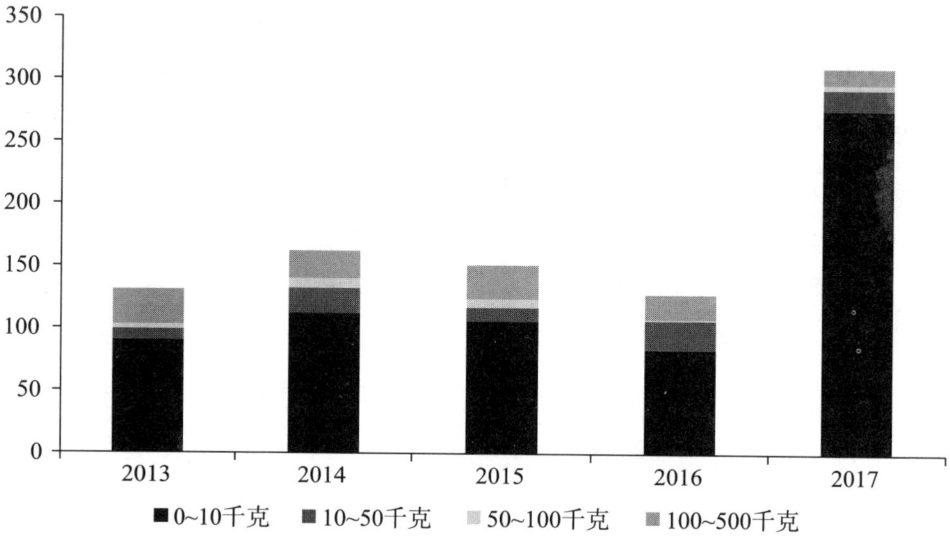

图 4-6　近 5 年全球成功入轨小卫星数量

表 4-4　典型微小卫星系统

名称	所属机构	系统构成	任务
OneWeb 星座	OneWeb	900 颗卫星	全球宽带通信
鸿雁	中国航天科技集团有限公司	300 颗卫星	全球宽带通信
MicroSat	SpaceX	4000 颗卫星	全球宽带通信
Astrocast 星座	Astrocast	64 颗卫星	M2M 通信服务
Flock 星座	行星实验室公司	超过 200 颗卫星	3~5 米分辨率全球对地观测
SCOUT 星座	DigitalGlobe	6 颗光学卫星	高分辨率成像
Aleph 星座	卫星逻辑公司	25 颗卫星	高重访成像
BlackSky 星座	黑天全球公司	60 颗卫星	高分辨率成像
Lemur 星座	螺旋公司	100 颗卫星	海事、气象、航空监视服务
CICERO 星座	地理光学公司	24 颗卫星	环境和安全应用

续表

名称	所属机构	系统构成	任务
PlanetiQ 星座	普奈蒂克公司	18 颗卫星	气象数据收集
GHGSat 星座	温室气体卫星公司	最多 20 颗卫星	观测温室气体
CYGNSS 星座	NASA	8 颗卫星	气旋和飓风研究

（2）微小卫星发展趋势

1）主要开展验证技术，“细胞星”概念开展在轨验证

现阶段，小卫星通常被用于验证先进技术，特别是用以开展“细胞星”概念在轨验证。如美国 DARPA“凤凰”计划的首个航天器——“细胞星验证初始任务”（SIMPL），也称为“超级集成卫星”（HISat）发射入轨，卫星由 NovaWurks 公司研制，任务目标是演示卫星平台与模块化有效载荷的集成。卫星载有推进系统，维持或提升轨道，提高寿命。小卫星将在其中发挥越来越重要的作用，向实用化、业务化方向发展，并在通信、对地观测、空间科学、技术试验等领域的应用能力进一步提升。另一方面，在航天体系架构、发射运管、数据应用、商业模式等方面实现突破，成为“新航天”的重要推动力量。

2）小卫星成为空间科学活动的独特平台

小卫星是空间科学活动的重要载体，已经成为国际航天的亮点。如由欧盟于 2011 年主导发起、国际 15 家机构合作领导项目实施，来自 23 个国家的 40 余所大学、研究机构和公司参与的 QB50 项目，是迄今开展的最大规模的地球大气低热层多点原位探测，同时验证“阻力帆”（Dragsail）离轨技术。再如蓝色峡谷技术公司（BCT）与 NASA 开展合作，研制“降水结构和风暴强度高时间分辨率观测小卫星星座”（TROPICS），对热带地区降水、温度和湿度信息提供首次高重访微波观测，以中尺度或大尺度对整个风暴生命周期内的对流层热动力学和风暴系统降水结构

进行观测，评估其对风暴轨迹和强度的影响，研究热带风暴模式剧烈变化的原因。

（3）低轨移动通信大型星座建设加速

近年来，国外低轨通信卫星星座领域发展如火如荼，目前提出的星座计划已超过 30 个，且仍在逐年快速增加，吸引大规模产业内外融资，系统建设稳步开展，且在卫星批量研制、快速部署、应用服务等方面显示出诸多具备颠覆性的特点与趋势，将极大革新甚至重塑卫星通信行业的整体格局，对各航天大国来说存在巨大的机遇与风险。如 OneWeb 卫星系统、美国开普勒通信公司（Kepler）正在发展全球立方体卫星星座等。

（4）对地观测星座相继部署

对地观测产业格局将剧烈演变，一方面有星座加速部署，新型小卫星星座继续涌现，另一方面开始逐步整合，通过并购稳固自身市场地位，小卫星业务能力进一步增强，时间和空间分辨率持续提升。如美国行星公司 2017 年共通过 3 次发射任务，将 140 颗“鸽群”卫星送入 SSO，具备每天对全球覆盖一次的能力，快速获取全球最新图像。行星公司的 SkySat 卫星进一步提升该公司的图像获取能力，实现高分辨率成像能力翻倍，能够在 1 天内对特定地点多次重访，向用户提供更多信息，辅助用户决策。

6. 空间设施制造与空间设施应用的经济份额

空间设施涵盖卫星、空间探测器、载人空间站以及人造空间飞行器等，其中，空间探测器和载人空间站多为国家行为，由政府投入经费并将大部分用于空间设施研制。从商业航天市场角度及已有的统计数据分析，多为运载火箭、卫星、卫星服务和地面设备销售值所占百分比。从图 4–7 的 2016 年空间设施制造与空间设施应用市场统计数据中可以看到，卫星制造业包括卫星制造以及部组件和分系统制造收入为 139 亿美元，相比 2015 年降低了 13%，主要源于 2016 年卫星替换周期接近尾声，而新的卫星发射遭到延期所致。

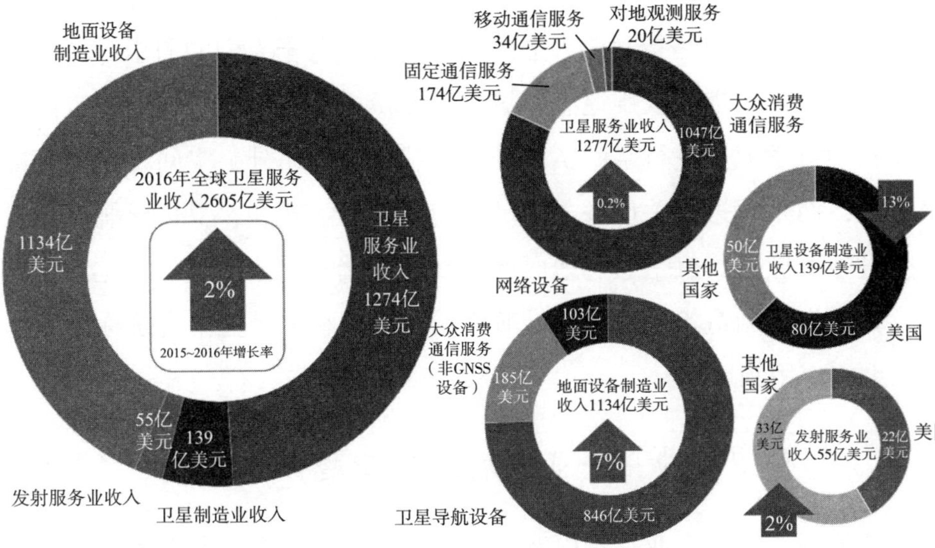

图 4-7　2016 年空间设施制造与空间设施应用收入分布图

空间设施应用主要包括通信与对地观测服务。其中，卫星通信服务业 1047 亿美元，在延续其产业核心地位的基础上，继续呈现平稳增长态势，同时未来新技术、新应用的飞速发展将为通信服务市场释放新的需求，从而带来新的机遇。2016 年卫星对地观测产业收入 20 亿美元，尽管只占整个服务业收入约 1.6%，相比 2015 年仍增长了 11%。随着大量新兴运营商进入卫星对地观测市场，发展数十星乃至百星规模的小卫星对地观测星座，提供全球数据快速更新、成像与视频能力兼备的服务，对地观测业务经济份额将会快速增长。

通过这些统计数据比对，可以更直观地看到现在的商业航天市场空间设施所占份额远小于空间设施应用份额，原因在于空间设施应用需求促进了空间设施发展，而空间设施性能的提升又扩展了空间应用市场的发展。所以，无论从市场份额还是扩展空间设施发展上，都必须重视空间设施应用。

二、空间设施应用

空间设施应用是指利用人造的空间设施服务于人们的需求。如使用通信卫星进行广播，利用遥感卫星进行测量，利用导航卫星进行定位，以及利用科学卫星进行空间实验等。除载人空间站外，空间设施不直接服务人，而是通过相关设备，满足人们的需求。例如，卫星导航（导航空间设施）应用，就是通过地面标校站、终端机、地图制作、运营服务以及相关设备制造等构成卫星导航应用，导航相关产业集合统称为导航空间设施应用领域。

（一）通信卫星应用产业发展现状及趋势

通信卫星应用产业是指以客户服务为导向，以金融资助为产业发展牵引力，由卫星制造、运载服务、地面设备制造（含系统集成）和运营服务组成，业务领域涉及商业卫星通信、固定卫星通信和移动卫星通信。

1. 世界主要通信卫星运营商

世界主要通信卫星运营商既包括国际卫星通信公司（Intelsat）、欧洲通信卫星公司（Eutelsat）、SES 环球公司、加拿大电信星公司（Telesat）、中国卫星通信集团公司（China Satcom）等传统成熟运营商，也包括铱通信公司（Iridium）、OneWeb 等新兴通信卫星运营商。按照经营规模及资源覆盖，可将世界通信卫星运营商分为全球运营商、区域运营商和国家运营商。见表 4–5。

表 4–5　世界主要通信卫星运营商概况

公司名称	卫星数	2014~2016 年产值
Intelsat	54 颗	2014 年：24.7 亿美元 2015 年：23.5 亿美元 2016 年：21.9 亿美元

续表

公司名称	卫星数	2014~2016 年产值
Eutelsat	38 颗	2014 年：14.76 亿欧元 2015 年：15.29 亿欧元 2016 年：14.78 亿欧元
SES 环球公司	45 颗	2014 年：19.19 亿欧元 2015 年：20.15 亿欧元 2016 年：20.69 亿欧元
China Satcom	10 颗	2014 年：24.30 亿元人民币 2015 年：23.90 亿元人民币 2016 年：24.76 亿元人民币
Iridium	66 颗	2014 年：4.08 亿美元 2015 年：4.11 亿美元 2016 年：4.33 亿美元

截至 2017 年 9 月 5 日，国外共有 569 颗商业通信卫星在轨。其中，美国数量最多，共计 286 颗，欧洲 129 颗，俄罗斯 20 颗，日本 17 颗，其他国家共计 117 颗。从应用类型来看，绝大部分卫星服务于固定数据传输、移动数据传输、固定视频 / 音频广播、宽带接入服务以及数据中继服务等，近年来随着新的信息服务需求涌现，也推动了卫星机器对机器（M2M）数据通信等新应用的发展。从轨道分布来看，GEO 仍然是各大运营商最为青睐的轨道，其次是 LEO、MEO、高椭圆轨道（HEO）分布较少，但这一格局将在未来几年内发生变化。随着中低轨道巨型星座计划的持续实施，数千颗、甚至上万颗低轨道卫星在轨的场景也非空想，在轨卫星规模上 LEO 将很有可能快速超越 GEO。

2. 通信卫星应用价值链

通信卫星应用产业是全球卫星产业中最早实现商业化的领域，是卫星产业三大子产业中收入比重最大的业务领域。通信卫星应用产业的价值链中包括运载服务、卫星制造、地面设备制造、卫星运营、金融业及用户六大主体，见图 4-8，其中，用户需求为核心。借助金融业资金力量，基于卫星系统和卫星技术，将各类信息产品与服务分发至各级用户，构成了价值传递的产业链。商业用户、运载生产商通过融资手段购买卫星并进行发射，再为政府广播、传媒公司、通信需求的其他客户提供通信服务获取回报并偿还融资。

用户获得通信服务的手段多种多样，包括光纤电线、无线基站等。通信卫星运营商面临激烈的市场竞争，与此同时，要求卫星制造商、运载服务等降低价格、提高性能，因为只有卫星运营商通过市场从用户获取的收入大于支出时，这个价值链才能正常运作。由于通信服务的广泛需求，通信卫星应用领域能够通过市场形成增值的价值链，促进了该领域发展。

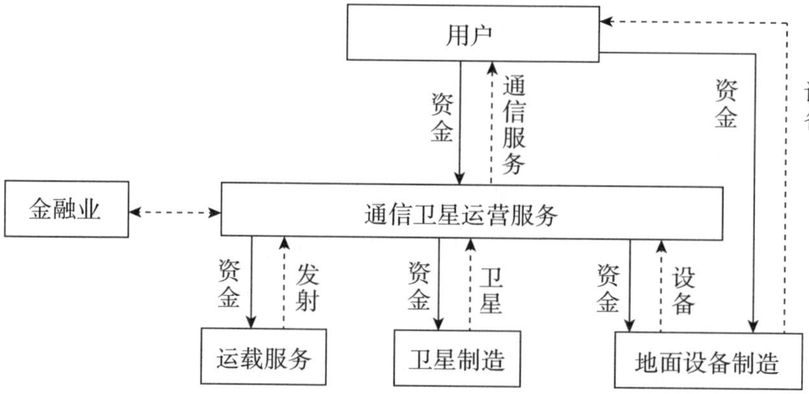

图 4-8　通信卫星应用价值链

3. 通信卫星应用发展趋势

（1）通信需求增长迅速

目前，船舶、飞机、火车等交通运输业以及物联网的发展，对卫星通信的全球覆盖能力、全球通信信息化服务能力提出了进一步需求，直接推动卫星通信服务需求呈现出从单一的话音业务向多种业务、从窄带业务向宽带业务、从单独组网到多网互联的发展趋势。特别是高通量卫星的发展，第二代卫星能够提供低成本的卫星容量，更高速的数据传输速率和更低的月度使用成本，并达到与地面网络类似的使用水平。而随着通信卫星数量的增加以及规模化发展，卫星服务成本将不断下降、用户数量将不断增加，从而带动各领域通信需求的增长，实现产业化、规模化发展。若卫星互联网价格能够低于当地地面光纤网络和蜂窝网络的建设成本、使用价格和终端费用，将扩大卫星互联网的应用规模，最终实现全球向数字地球化模式发展。

（2）通信手段更加方便

随着经济社会的发展，低效的信息传输方式已跟不上快速、多样的社会发展步伐，市场需要更加快速、便捷的沟通方式以及丰富多样的沟通渠道。随着有线、无线、固定电话、移动电话、互联网的向前发展，人们实现了点对点、点对区域、群对群的通信，目前正朝着世界联通、高通量的方向发展。随着卫星与计算机、电视等技术的进一步融合，加之卫星处于大气层以外的轨道上，不容易受陆地灾害的影响，卫星通信还可以同时多处接收、实时广播、多址通信，卫星通信在未来将成为通信的主要方式。

（3）通信市场竞争更加激烈

目前，手机通信依赖地面基站建设，但海洋、沙漠以及部分偏远地区的通信还未覆盖，远距离通信仍需要光纤和卫星，而高通量卫星以其“多点波束”和“频率复用”等技术提高了系统的吞吐量，大大降低了用户单位容量的使用成本，使得卫星网络服务提供商具备与地面无线网络服务提供商进行正面竞争的能力。自 2004 年全球首颗高通量卫星发射以来，经过10多年的发展，高通量技术逐步成熟，市场逐渐明确，正朝着全球化和产业化的方向发展。目前大量高通量卫星的增加对卫星服务的价格产生了巨大冲击，特别是在高端直播到户电视市场的表现极为明显，但通信内容往往和意识形态有关，通常需要受到政府的许可，例如广播节目的落地要得到政府许可，高通量卫星传输内容的落地可能仍要得到许可。

（二）导航卫星应用产业发展现状及趋势

导航卫星应用产业是指由政府出资，由卫星制造、运载服务、基础类产品、终端产品、系统集成和运营服务组成，形成天线、芯片、模块、电子地图、模拟器、应用解决方案等覆盖全产业链的产品形态和包括基础产品、应用终端、运行服务等较为完整的产业体系。

1. 世界主要导航系统概况

全球卫星导航系统国际委员会（ICG）公布的全球四大卫星导航系统供应商包括美国GPS、俄罗斯格洛纳斯、欧洲伽利略和中国北斗卫星导航系统，见表4–6。

美国GPS主要由国防部负责维持和运行，在全球范围内将其用于军事和民用目的免除直接使用者的费用，维持和运行GPS标准定位服务。俄罗斯格洛纳斯军事领域应用由国防部航天国防军运营，运输部和联邦空间局负责民用运营，但需要服从国防安全。欧洲伽利略由欧洲航天局负责管理。

中国北斗由中国卫星导航系统管理办公室归口管理国家卫星导航领域有关工作。2012年年底，北斗系统已提供区域服务，目前处于全球系统建设阶段，计划2018年为“一带一路”国家和地区提供服务，2020年完成全球系统部署，并投入全面运行。

表 4-6 全球主要卫星导航系统比较

系统名称	研制国家	历史渊源	覆盖范围	卫星数量	定位精度	用户数量	用户范围	优势	商业开发情况
GPS 卫星导航系统	美国	20 世纪 70 年代，美国军方开发，1994 年建设完毕	全球、全天候	32 颗工作卫星	10 米（民用）	GPS 是单向测距系统，用户设备只要接收导航卫星发出的导航电文即可进行测距定位，因此可容纳无限多用户	军民两用，军用为主	成熟	较早，非常充分
格洛纳斯卫星导航系统	俄罗斯	从 20 世纪 80 年代初开建，1995 年投入使用，与 GPS 系统原理、功能十分类似	全球	24 颗	单点定位精度水平方向为 16 米，垂直方向为 25 米	无限多	军民两用，军用为主	抗干扰能力强	不充分，在中国几乎没有
伽利略卫星导航系统	欧洲	20 世纪 90 年代提出，2002 年正式批准，2008 年开建	全球	27 颗运行卫星和 3 颗备用卫星	定位误差不超过 1 米	无限多	军民两用，民用为主	精准	刚开始建设，因合作者众多，前景看好
北斗卫星导航系统	中国	20 世纪 80 年代中期开始研制，2003 年建成第一代，第二代正在建设中	第一代仅覆盖我国本土及周边国家，第二代覆盖全球	第一代有 3 颗卫星，第二代由 5 颗静止轨道卫星和 30 颗非静止轨道卫星组成	第一代三维定位精度约几十米，第二代定位精度 10 米	第一代是主动双向测距的询问－应答系统，用户数量有限，不能超过 100 万	军民两用，民用为主	互动性和开放性	刚起步

2. 导航卫星应用价值链

导航应用建立在卫星导航技术应用之上，通过利用空间卫星系统全天时、全方位向用户提供三维位置、三维速度和时间信息等服务。导航卫星应用价值链由两大部分组成，其中，空间段建设与运营由政府出资完成运载和导航卫星研制、地面站建设，并出资进行卫星网络管控；市场应用部分则通过市场行为由用户购买终端、购买地图（也可以是间接购买）、购买扩展应用的特种服务等，用途广泛、使用人员众多构成了巨大的市场。虽然政府出资没有获得直接经济回报，但这正是政府的职责所在，且在政府构建的导航卫星平台上，为民办实事，又带动导航市场的巨大发展，促进经济发展，增加税收，得到了间接回报。更重要的是，卫星导航涉及国防安全，必须掌握在国家手中。美国 GPS、欧洲伽利略、中国北斗导航星座构成上都有高精度定位体系，提供军用而不对民用开放，同时也有稍低地位的民用定位。在国内，为保护和支持北斗导航，政府应发文要求在使用卫星导航定位时，必须使用北斗导航。

从全球来看，导航卫星应用产业的发展具有以下特点。

（1）导航定位系统建设受到各国政府高度重视，多星座卫星导航系统陆续建立。今后用户接收机将从 GPS 单星座转变成多星座，而多星座兼容机的出现将大大提高卫星导航定位的可靠性、准确性和实时性。

（2）卫星导航在智能交通上的应用仍然是重要市场。车辆调度系统已从特殊车辆监控、公交车和出租车调度向长途运输车监控、物流调度及私家车的安全防护上发展。与此同时，一些汽车厂家开始将汽车导航仪作为车辆进入市场的亮点，促成导航仪进入汽车前装市场。

（3）手持导航仪与通信系统相结合，形成基于位置服务的综合信息系统（LBS）。该系统将手机与卫星定位、卫星定位与通信模块、网络定位和卫星定位组合，并通过中心站和通信网实现导航和位置查询。

（4）单一化的系统向综合服务系统方向发展。随着卫星定位技术在诸多领域的推广应用以及实时动态（RTK）技术的逐渐成熟，在一个城市、一个地区、一个国家建立由若干个基准站为基础组成的综合服务系统，已成为城市规划、建设、管理的基础设施，可实现一网多用。

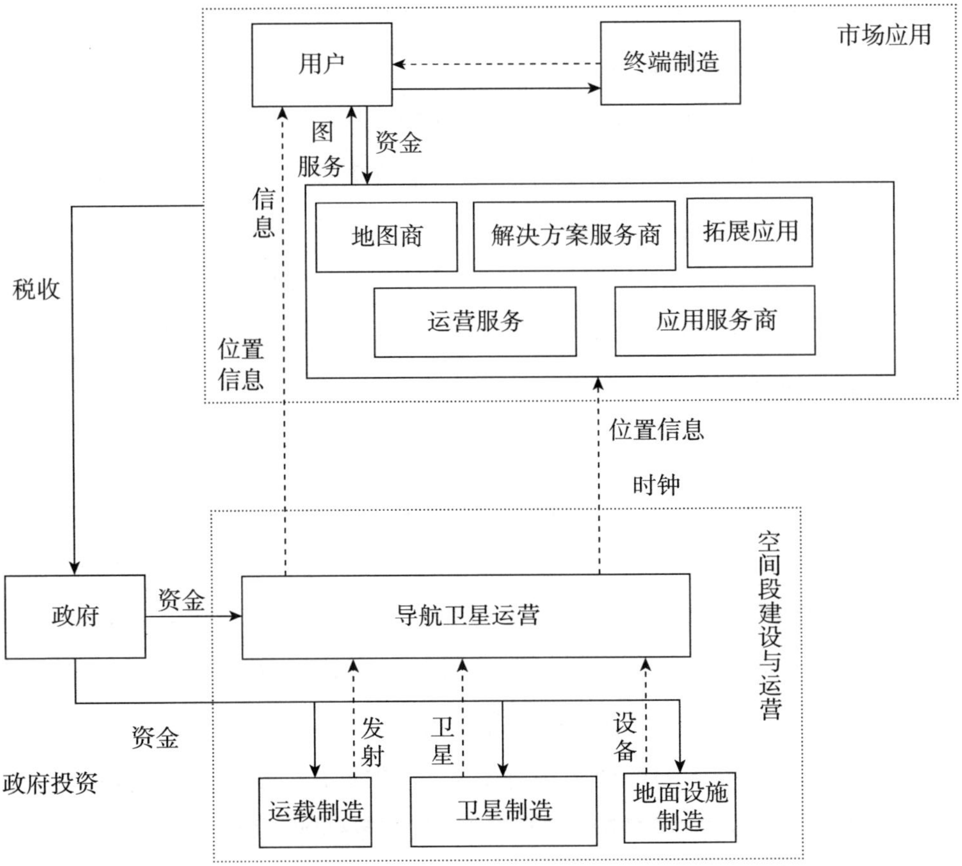

图 4-9　导航卫星应用价值链

3. 导航卫星应用发展趋势

（1）从产业的技术发展来看，多星座卫星导航系统陆续建立，导航卫星系统间的相互融合是大势所趋

随着俄罗斯格洛纳斯系统的恢复、欧洲伽利略系统的部署完成、中国北斗导航系统功能越来越齐全，未来将有近百颗导航卫星在轨提供导航、定位、授时服务，导航卫星系统间的相互融合成为大势所趋。可以预见，导航卫星系统间的相互融合，特别是在民用领域的融合将成为导航空间系统未来发展的趋势。

（2）从市场规模而言，新的服务领域业务将不断激增

在全球导航空间应用产业市场的细分中，LBS 和道路两大应用市场占据收入主导地位；智能手机和平板电脑逐渐取代专业导航设备；手持导航仪与通信系统相结合，形成基于位置服务的 LBS 系统，是今后导航空间应用的一个重要市场，基于位置服务的通信市场将会快速发展。而导航系统与电子地图、无线电通信网络及计算机车辆管理信息系统相结合，实现车辆跟踪和车辆管理等多种功能和汽车与外部世界通信，将会使汽车信息系统得以迅速发展。

（3）从市场格局而言，大型企业引领设备制造和中小型企业参与增值服务

目前导航空间产业的下游产业市场呈现出大型企业稀少、中小企业居多的特点，几大知名厂商最近几年经历了多次重组并购，整个导航市场将向产业化方向发展，出现整合并购浪潮，逐渐形成产品研制、生产、系统集成、应用服务的产业化体系，从经销应用产品为主逐渐转变为运行服务为主的产业化新时期。国际卫星导航企业将进行整合并购，整合并购将使企业实现优势互补，提高企业的核心竞争力，使资源重组优化、行业力量集中，行业整体竞争力得到提高。

（4）从市场方向看，跨界融合仍是导航产业发展的重要方向

在“互联网 +”时代，导航空间系统作为空天地一体化的信息基础设施，与物联网、大数据、云计算、移动互联网、智慧城市等新一代信息技术产业的跨界融合趋势越来越明显，逐步成为培育导航产业发展的新动能，以及拉动导航产业经济快速增长的重要抓手。网络、数据、终端的跨界融合，使导航为基础的时空服务体系更加务实，逐步实现与新一代信息技术产业集群的联动发展。

（三）遥感卫星应用产业发展现状及趋势

遥感卫星指以社会公益需求为主，由政府和市场双向投资，由卫星制造与发射服务、遥感数据接收、遥感数据处理分发和遥感信息增值服务组成，覆盖范围包括气象、海洋、测绘、防灾减灾等领域的产业形态。

1. 国内外主要商业遥感运营商

当前，国外遥感卫星运营商基本为数据提供商，通常采用商业化运作，根据订单安排卫星观测接收计划，并根据用户需求安排产品生产。目前完全采用商业化运行的遥感卫星运营商是美国 DigitalGlobe（现为麦克萨公司），欧洲空客防务与航天公司（ADS）、加拿大麦克唐纳 - 迪特维利联合有限公司（MacDonald Dettwiler and Associates Ltd，MDA）、意大利遥感公司（e-GEOS）和 Planet、Spire 等公司，这些公司运营地面站或向其他伙伴租赁地面站，接收、处理和加工遥感图像等。与其他领域略有不同的是，当前国外几家典型的商业遥感公司通常身兼数职，同时负责卫星制造、管理、运营、服务等多项任务。

中国航天科技集团有限公司所属世景公司采用市场化的纯商业运营方式，提供更加符合市场需求的产品和服务，是我国主要的商业遥感运营商。随着高景星座布局的完善和数据获得能力的提升，世景公司将扩

充其原有的以数据服务为主的商业模式，面向专业用户，提供诸如动态监测等更多、更复杂的产品形态，并挖掘更贴合大众应用的服务模式。除世景公司之外，北京宇视蓝图信息技术有限公司、长光卫星技术有限公司等为代表的商业公司也开始建立国产遥感卫星星座，开展商业化运营。

2. 遥感卫星应用价值链

遥感卫星种类繁多，有气象卫星、海洋卫星、地理探测卫星等，其用户不同也形成不同的价值链，有的完全由政府出资构成封闭的价值链，有的完全由市场融资按市场规律形成价值链，也有政府支持市场为主形成的价值链，见图 4–10。类如气象卫星、海洋卫星、测绘卫星多为政府投资，为政府以及公众、企业社会性的研究提供服务。气象卫星为民众提供免费服务，其价值链相对封闭。还有很多遥感卫星如光学成像遥感卫星，由企业投资亦或多或少得到政府支持。该企业必须通过提供市场服务并从市场上收取回报，从价值链上更需要控制空间段建设和运营消耗费用，而加大数据处理开发服务收入，单一的地理图片难于形成增值的遥感价值链，特别是在有多家遥感运营商的市场竞争下，更需开拓创新、扩展用户需求。

3. 遥感卫星应用发展趋势

（1）遥感卫星应用前景看好

目前，美国新兴航天公司借助大数据、云计算等技术，瞄准全球覆盖的互联网接入服务需求和近实时更新的遥感大数据需求，积极利用小卫星发展规模庞大的遥感星座。如 Terra Bella 公司、Planet 公司、Spire 公司均已成功发射了业务卫星。卫星星座数量的增长，推动卫星遥感数据的增长，可能会导致卫星数据价格的降低。而根据欧洲咨询公司的最新预测，2015~2024 年，全球将研制 137 颗商业遥感卫星。同比过去十年，卫星数量增长幅度超过 200%。随着数据资源可用范围的扩大，其中包括

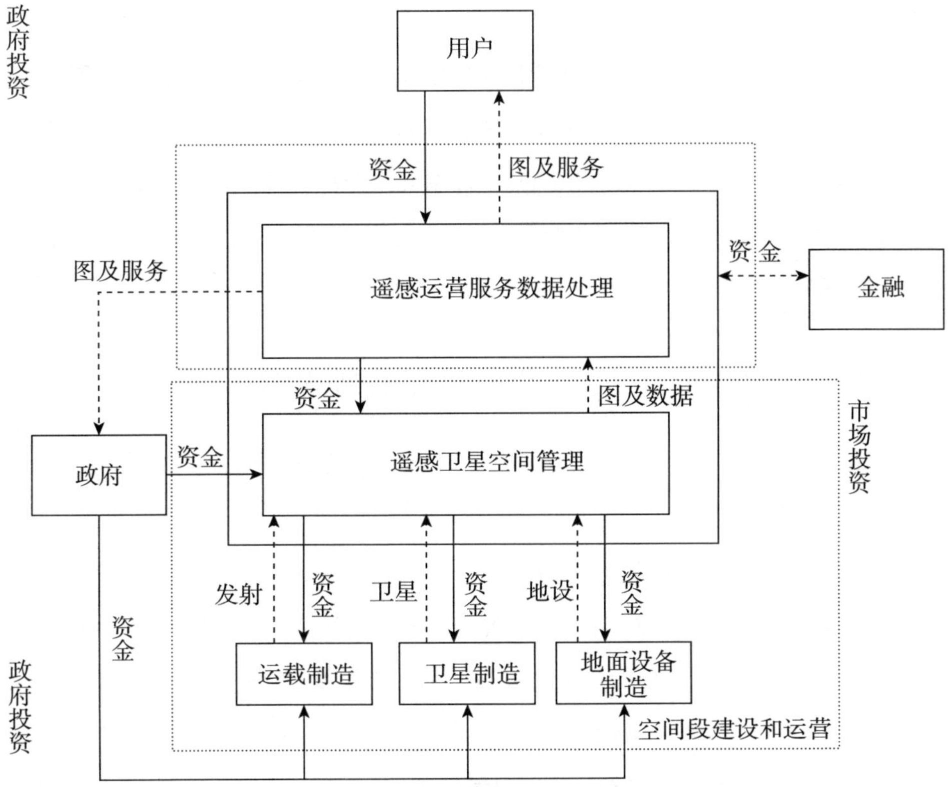

图 4-10　遥感卫星应用价值链

免费数据、更加集成和标准化的数据供应等，预计可推动遥感数据商业服务的增长。

（2）寻求遥感应用产业增值点

卫星遥感具有广阔的应用前景和新兴市场的强劲增长势头，但未来的市场竞争也会更加激烈。一方面，商业运营商数量持续增加，产品与服务类型不断扩展，将促进产业进一步整合；另一方面，政府运营商凭借已有的大型计划，仍在整个产业中处于支配地位。国防与情报领域终端用户对增值服务提供商的依赖程度正逐渐降低，能源与自然资源、公共机构等领域明显呈现出类似的趋势；生物资源、工业和服务等领域的增值服务比例将继续上升，并推动增值服务领域以高于数据领域的速度继续增长。

就国内情况来看，我国遥感卫星应用服务已从理论研究到业务服务转变，拥有自主产权的核心技术、海量数据的快速处理、按需定制的“痛点”式服务，是遥感业务服务的重要支撑。结合人工智能、大数据处理、图像识别等新技术，在某些领域进行深度整合，或能探索出新的增值点。

（四）科学探索卫星应用产业发展现状及趋势

科学探索卫星由于其专注于原始创新，商业效益并不明显，多为政府出资进行探索。

1. 科学探索卫星应用产业现状

目前，全世界共发射了约700颗专门从事科学探索的科学卫星和深空探测器，建造了多个空间实验室和空间站作为综合性的空间研究设施，开展了数千项实验，实施了几十个大型研究计划，开展了规模巨大的空间科学探测、实验和研究活动。特别是2017年，空间科学研究热点前沿备受瞩目，如空间平台助力发现双中子星并合产生的引力波、中国领跑空间量子通信、暗物质粒子探测卫星“悟空”获得迄今为止最精确的高能电子宇宙线能谱、卡西尼土星探测任务完美收官等，不断刷新人类对宇宙的认知，为人类足迹向深空拓展奠定基础。目前，主要航天国家保持空间探测力度，新兴航天国家不断涌入，多元化、任务方式重视创新和优化，探测距离由近及远，探测技术和手段不断扩展和丰富。

2. 科学探索卫星应用发展趋势

（1）目前主要科学探索计划均为政府行为

世界主要航天国家在通过广泛动员科技界深入研究的基础上，不断制定和明确具体的空间科学规划和计划，如NASA的一系列《战略规划》和《科学计划》、欧洲的空间科学发展规划《宇宙憧憬2015—2025》、俄罗斯的《2030 年前及以远俄联邦航天活动领域国家政策原则的基本纲要》、日本宇宙航空研究开发机构（JAXA）的《2025 愿景》等。这些规划和计划聚焦太阳系和宇宙的起源演化、物质结构、生命起源、人类生存环境等基本和重大基础前沿科学问题，以及在空间特殊或极端条件下物质的运动规律等基础科学问题，突出对重大科学问题的探索和支撑，目标、方向和具体计划与时俱进。

作为美国民用航天计划的主管机构，NASA 先后推出多项战略规划，聚焦空间探索和服务地球，并通过一系列任务规划拓展空间探索的边界，开发创新技术，推动国际合作，鼓励商业参与，明确技术牵引和技术推动投资战略，强调项目管理和制度建设的重要性。NASA 提出其战略目标，为未来美国的空间科学发展提供了指导性原则：（1）拓展在空间中的知识、能力和机遇的边界；（2）加强对地球系统的认知并进行技术开发，以提高人类在地球上的生活质量；（3）通过高效地进行人员、技术能力和基础设施管理，服务美国大众，完成机构使命。同时 NASA 已经开始了的商业化空间科学探索试水，具体由 NASA 空间科学办公室（Office of Space Science，简称 OSS）负责。OSS 通过教育与科普项目（Education and Public Outreach，简称 E/PO）特别设计的项目运用空间科学及其研究团体与公众分享空间科学探索成果，吸引商业部门加入。E/PO 项目运作模式包括：（1）建立立项阶段的科学评估，对项目方案的评估标准给出详细而明确的规定，对项目策划、实施、人员、经费及影响等多方面制定了具体而明晰的要求；（2）建立跟踪汇报系统，包括年度报告、空间科学教育资源目录以及内外部通信等，向社会各界公布；（3）建立验收，对一系列绩效指标、目标路径以及清晰的绩效测评基准进行持续的监测和追踪，对项目执行结果进行综合评估。典型案例如震波到激光的显像器，全球探索的公众普及、教育、教学和青年普及计划，承担部门由科学中心、博物馆、天文馆、教育机构与组织、大学与研究生院、科研机构与组织、工业部门、商业部门组成，通过新闻发布、出版发行、NASA与地球科学企业（ESE）的官方网站、有关地球科学研究活动的媒体报道、科技馆展览以及社区活动等形式进行商业推广。

“十二五”期间，我国空间科学领域由中科院依托科学先导专项并在国家自然科学基金委员会资金的支持下，先后发射了系列科学卫星，如暗物质粒子探测卫星“悟空”和量子科学实验卫星“墨子”。中国科学院与欧洲空间局联合开展“中欧联合空间科学卫星”研制，并拟于2021年发射一颗联合空间科学卫星，该星研究的科学领域将涵盖空间天文、太阳物理、空间物理、太阳系探测和空间基础物理等。

（2）私人投入空间科学探索已初现端倪

由于空间科学探索领域所需要的支撑体系众多，耗资巨大，而经济回报难于形成，因此私人投入较少。但从近期国内外航天发展中可以看到，随着财富累积以及个人对太空探索的爱好，私人投入空间科学探索已初现端倪。如美国纽约一家名为“果敢前行研究所”的非营利机构，其首席执行官莫尔斯曾任NASA天体物理学分部主任，拟筹集资金开展太空望远镜任务。北京航天驭星科技有限公司用于暗物质探测的“龙虾眼X射线轨道天文台”卫星项目已经启动，这也是我国首个纯商业化运作的空间科学探测商业卫星项目。随着世界科技发展、人们财富的快速增长，以及全球多元化，私人投资探索太空的愿望会越来越强烈。

三、空间设施制造与空间设施应用策略研究与思考

（一）重视空间碎片控制

空间碎片是指在地球轨道上或再入大气层中已失效的一切人造物体，包括它们的碎片和部件。目前在轨的空间碎片，主要包括废弃的卫星、

火箭末级箭体、无用部件以及各种碎片在轨解体或碰撞后产生的新的碎片等。空间碎片对在轨航天器的破坏机理在于其超高速碰撞，一旦发生碰撞，将给航天器带来严重危害。世界各国均已认识空间碎片将严重危害在轨运行的各种航天器的安全，阻碍人类航天事业的持续发展。

1. 中国相关要求和现况

空间碎片已得到国内外的高度重视，1993 年成立了国际机构间空间碎片协调委员会（IADC），旨在对有关空间碎片的技术问题进行研究和达成一致意见，IADC 被公认为是空间碎片方面起领导作用的技术权威机构。

中国自 1995 年加入国际机构间空间碎片协调委员会以来，在国防科工局的领导下，在空间碎片各领域开展了大量研究和工作，在碎片观测、火箭末级减缓、航天器离轨以及防护研究等领域取得了长足的进步。

中国航天工业部门于 2006 年制定了《轨道碎片减缓要求》，该标准性文件从技术层面对航天活动各个步骤中的轨道碎片减缓设计提出了基本要求。这些基本要求与 IADC 的空间碎片减缓指导方针是一致的。国防科工局在 2010 年印发了《空间碎片减缓与防护管理办法》，形成了由政府层面发布的空间碎片减缓规范性文件。

在运载火箭方面，中国已经把星箭分离后的减缓处置正式纳入飞行任务工作流程。例如，长征 2 号丁运载火箭在实施星箭分离后对剩余推进剂处置的同时，还进行了离轨机动试验并取得了基本成功，使末级火箭在轨滞留时间大大缩短。长征 3 号甲系列运载火箭星箭分离之后的钝化操作正在进行由技术方案向工程转化，并通过发射时控制 GTO 近地点高度，将第三子级在轨滞留时间控制在 25 年之内。

在卫星方面，中国在 2006 年 9 月 1 日和 2007 年 11 月 7 日，分别将寿命到期后的风云 2 号气象卫星的第二颗试验卫星与风云 2 号气象卫星的第一颗试验卫星成功实施了离轨处置。2009 年 7 月，又对有故障的鑫诺2号卫星实施了离轨处置，并于11月对离轨处置后的鑫诺2号卫星贮箱内的剩余推进剂实施了排放钝化。

另外，除控制后续的航天活动中不产生新的碎片，中国对在轨空间碎片实施主动移除，也是空间碎片减缓控制的重要措施之一，特别是针对GEO区域轨道资源珍贵紧张的情况，发展GEO轨道废弃卫星移除技术具有显著的需求。

2. 空间碎片控制面临的发展形势

（1）进入空间卫星日益增长，空间碎片将急剧增加

空间碎片来源很多，各种来源产生的碎片尺度也不相同。地面监测系统能够测定的大碎片主要来源于废弃的航天器、运载火箭箭体和操作性碎片，爆炸解体碎片尺度大小都有，固体火箭喷射物、撞击产物和表面剥落产生的都是小空间碎片。

从1957年发射第一颗人造地球卫星以来，空间碎片总数已经超过4000万个，小于10厘米的碎片更是数不胜数，而且这个数目还在不断增长。这些空间碎片对在轨正常运行的航天器安全，构成了很大威胁。

（2）减缓空间碎片的国际要求呼声日益增高

为遏制空间环境污染，各空间国家和国际组织都正致力于空间碎片的减缓工作。

2008年，NASA发布了新轨道碎片减缓程序要求和标准。部分欧洲国家的航天主管部门与欧洲航天局共同组建了欧洲空间碎片减缓工作组（EDMSWG），并于2004年通过了《欧洲空间碎片减缓准则》。为使这一准则适应于欧洲航天局项目的需要，2008年，欧洲航天局发布了《欧洲航天局项目空间碎片减缓规则》。

目前，在联合国的框架下，国际社会对于减缓空间碎片的相关国际立法进行了长期努力，基本形成了减缓空间碎片的国际习惯义务。在当今的国际空间活动实践中，几乎所有国家都将减缓空间碎片作为一项法

律义务，并在大多国家的大多数空间活动中被多次实践。

（3）维持空间可持续发展的政策策略

1）增强监控手段，制定扶植政策

我国在空间碎片监测和预报等方面与美国、欧洲等国家相比还存在较大差距，需要加强地面测控系统建设，积极建设空间碎片数据库，及时获得火箭、卫星等在轨及轨道区域情况，为我国高密度航天发射任务提供安全保障。

2）加严进入空间审批和许可管理

近年来，世界商业航天发展呈现高潮迭起、加速创新态势。全球几大商业航天公司纷纷提出瞄准争夺全球市场的庞大星座计划，如OneWeb、SpaceX的星座计划。随着商业卫星计划的不断涌现，可能加重空间碎片危机，减缓和消除空间碎片的最根本措施是控制空间碎片的产生，因此需要政府部门加强对商业公司进入航天领域和发射卫星计划的审批和监管，通过发放许可证的方式，加强商业公司的航天活动管理，从源头上控制空间碎片的产生。

3）扶植空间碎片清理技术的研究

空间碎片对人类太空活动的不良影响日益凸显，在提高空间碎片监测技术的同时，也应发展空间碎片的清除技术，并结合航天器预警技术，以保证人类的太空活动顺利进行。

其中，对在轨废弃卫星的主动移除是减缓空间碎片的重要内容，特别针对GEO轨道资源，其具有高战略价值及稀缺性，通过发展具有轨道机动能力和空间目标抓捕移除能力的主动清除飞行器，能够重点对GEO轨道寿命终期或由于其他原因失效的废弃卫星进行主动移除，将轨道资源让位于新发射的航天器。

在减缓方面，还应着重开展低轨运载火箭和卫星任务后寿命不超过25年的技术措施研究和空间碎片清理研究。

（二）维护与扩展空间资源

空间资源包括空间无线电频率、卫星轨道、空间测控等资源。其中，无线电频率和卫星轨道资源是被全世界竞相争夺的有限的战略性自然资源。随着全球航天产业的飞速发展，空间无线电频率和卫星轨道资源的重要性和战略地位日益显现，世界各国利用国际规则竞相抢占这些资源，且其争夺已从传统的技术层面进一步延伸到经济、外交、政治等诸多方面。

1. 我国空间资源管理的基本概况

我国卫星频率轨道资源实行国家统一管理和调配，卫星操作单位经过国家认可和批准，向国际申报登记，获主管部门核发空间电台执照之后方可使用。我国在卫星频率轨道资源管理方面已经建立了一系列的法律法规，涉及《中华人民共和国无线电管理条例》《中华人民共和国无线电频率划分规定》《设置卫星网络空间电台管理规定》《建立卫星通信网和设置使用地球站管理规定》等。其中，《中华人民共和国无线电频率划分规定》参照并遵循国际电联《无线电规则》，对各种无线电业务包括空间业务使用的频段做了划分规定，见表 4–7。

表 4–7 空间无线电通信业务频段对应表①

频段字母代码	标称频段	举例	常用途	特点
L	1.5 吉赫频段	1.525~1.71 吉赫	主要用于移动卫星通信和广播电视节目传输业务	波长为 22 厘米的电磁波
S	2.5 吉赫频段	2.5~2.69 吉赫	主要用于移动卫星通信和广播电视节目传输业务	波长为 10 厘米的电磁波

① 工业和信息化部：《中华人民共和国无线电频率划分规定（修订征求意见稿）》，2017 年 9 月 1 日。

续表

频段字母代码	标称频段	举例	常用途	特点
C	4/6 吉赫频段	3.4~4.2 吉赫 4.5~4.8 吉赫 5.85~7.075 吉赫	主要用于国际卫星通信和国内卫星通信，还用于广播电视节目传输业务	波长为 5 厘米的电磁波
X	–			波长为 3 厘米的电磁波
Ku	11/14 吉赫频段 12/14 吉赫频段	10.7~13.25 吉赫 14~14.5 吉赫	主要用于通信和广播电视传输业务	波长为 2 厘米的电磁波
K	20 吉赫频段	17.7~20.2 吉赫		波长为 1.25 厘米的电磁波
Ka	30 吉赫频段	27.5~30 吉赫	虽然频段电波传输损耗大，特别易受降雨及大气中的水汽凝结物的影响，但由于可用频段带宽，是目前宽带多媒体卫星考虑采用的频段	波长为 0.8 厘米的电磁波
V	40 吉赫频段	37.5~42.5 吉赫 47.2~50.2 吉赫		波长为 0.4 厘米的电磁波

近年来，我国在卫星通信、广播电视、气象、导航定位、遥测遥感、载人航天等领域取得了长足发展，有很多新公司要进入航天领域，对频率和轨道资源需求迫切。目前我国卫星操作单位众多，各部门系统资源分别管理，缺乏资源储备战略规划的顶层设计意识，导致所申报的卫星频率轨道资源拥挤、轨位集中、频率重叠等问题凸显，众多系统重复建设、系统间用频重叠、在轨卫星干扰等问题日趋严重，空间无线电业务发展受到制约，卫星应用业务面临空前挑战，更需要由统一部门加强对卫星

频率轨道资源统筹管理，避免用频部门各成体系、项目建设部门频率协调意识不强等问题出现。

2. 扶植企业积极申请无线电频率和实际使用

从全球各国向国际电联提交卫星网络资料情况以及在轨卫星分布情况可以看到，法国是向国际电联申报卫星网络数量最多的国家，而美国对卫星频率轨道资源的开发利用是世界上最充分的国家。经过多年的发展，中国在国际频率信息总表登记的卫星网络数也越来越多，但与美国、俄罗斯等大国相比还有一定的差距。我国在卫星资源紧缺的情况下，经过政府和卫星网络运营商的密切配合，依法力争，已经争取到62个地球静止轨道位置和多种非静止轨道，涉及UHF、L、S、C、X、Ku、Ka频段。这些资源得来不易，是我国卫星事业发展和广泛应用的基础。目前我国卫星频率轨道资源还未被充分利用，在已投入使用的通信卫星中，使用Ka、X频段很少，造成了对宝贵通信卫星频率轨道资源的浪费。

另外，在国际电联规划频段上和非国际主流频段上，国内卫星设备产业没有形成自主的产业链，生产成本高，相关部门也未开展较大规模的应用以推动产业发展，导致相关应用设备缺乏，我国所获得的5个轨道位置及频率资源（不包括港、澳、台地区）长期闲置。根据国际《无线电规则》，认可的卫星网络资料到期而卫星不投入使用，就删除资料。这表示前期的卫星申报和协调前功尽弃。为此，我国需要加强卫星网络资料申报与卫星制造的规划，加强卫星网络运营商与制造企业之间的协调，建立相关政策导向，鼓励和扶植企业积极向国际电联申请频率、使用频率，保护空间轨道和频率资源。

（三）推动国家空间基础设施应用

从空间基础设施的价值链中可以看到，如果没有足够的市场用户，价值链就形成不了正反馈，卫星运营服务部门就无法获取大规模的市场效益。而如果卫星运营服务部门收入资金不能抵消融资成本，甚至不能抵消运营消耗资金时，运营服务商资金就会断链，卫星应用产业也就难以维持和发展。

1. 积极培育空间基础设施应用市场

从美国旧铱星公司的倒闭可以看出市场和用户对于卫星应用产业的重要性。1987 年，摩托罗拉公司提出发展铱星系统用于全球移动通信的设想；1991 年，铱星公司成立；1992 年，铱星系统建设启动；1998 年 11 月 1 日，铱星系统投入正式业务运营。好景不长，由 66 颗铱星造就出的科技神话被无情的市场击了个粉碎。1999 年 8 月 13 日，铱星公司申请破产保护；2000 年 3 月 17 日，铱星公司倒闭，铱星系统终止服务。对市场的定位错误及市场乐观预估，是铱星公司倒闭的重要原因之一。铱星公司把主要用户定位于“高层次的国际商务旅行人员”这类从来不看账单的“金领”消费阶层，并且错误地认为，只要技术先进，价格不会成为障碍。铱星不但手机售价昂贵，款式更是少得可怜，使用费用也是居高不下，根本无力与款式众多、价格合理的地面移动电话竞争。此外，铱星引入市场的前导期过长，20 世纪 90 年代，地面移动通信发展迅猛，夺走了铱星公司既定的目标市场，铱星在时间上失去了市场机会。没有了市场，就没有了收益，也就失去了控制自己命运的能力，而且个人通信全球化市场远未形成，更加造成铱星公司在开拓全球市场时力不从心。铱星公司自运营以来，在全球仅发展了 5.5 万用户，其中，中国有 912 户，与其期望的 65 万基本用户数目相去甚远，运营收入对于年运行费达数亿美元的系统简直是杯水车薪[①]。

目前，我国已经形成了以通信、导航、遥感观测为主的应用卫星体系，但卫星应用发展起步晚、规模小，对经济社会的发展尚未充分发挥其应

① 葛榜军：《铱星公司倒闭及其影响》，载于《国际太空》杂志，2000 年第 5 期。

有的战略带动价值，空间基础设施的应用市场并未真正形成。卫星通信市场主要以卫星转发器租赁和“村村通”“户户通”等为主，商业化应用开发尚不成熟。我国卫星遥感应用以满足公益需求为主，也多为自建体系，封闭管理，其综合应用、定量化应用能力相对滞后，数据保障程度低。空间基础设施应用市场亟待培育和发展。

2. 优先采购国内空间基础设施应用服务

从国外发展来看，政府的支持是空间基础设施应用市场发展的关键，尤其是在空间基础设施应用市场发展的初期。美国先后在通信、发射、遥感等领域颁布法案，向私营企业开放航天市场，并通过国家空间政策鼓励采购国内商业航天服务；美国先后实施了三个遥感数据采购计划，通过大额数据采购合同，扶持国内商业遥感公司的发展，政府收入占公司收入的 60% 以上。

再看铱星公司这个例子。2000 年年底，新铱星公司利用旧铱星破产的大好时机，以 2500 万美元的象征性价格买下耗资 50 多亿美元建成的铱星系统，并且所有债权全部剥离，摆脱了旧铱星巨额投资带来的巨额债务。而在新铱星公司接洽收购事宜之际，美国国防部为了促成这笔交易，一口气签下了 7200 万美元的订单，比交易金额多出两倍多。这笔订单为新铱星的重生提供了最初的资金和订户的保障。根据合同，美国国防部 2 万名工作人员在新铱星公司开业之后两年内能够享有无限时通话的便利。有了强大的后盾，新铱星一改以前的市场策略，对客户定位进行调整，并且不断对服务和价格进行优化，最终也带来了新铱星的繁荣发展。

目前我国空间基础设施正处于转型发展关键期，技术能力从追赶世界先进技术为主向自主创新为主转变，服务模式从试验应用型为主向业务服务型为主转变，行业应用从主要依靠国外数据和手段向主要依靠自主数据转变，发展机制从政府投资为主向多元化、商业化发展转变。国内空间基础设施应用市场的重要和大的用户仍然多为政府部门。因此，未来需要政府部门进一步制定扶植空间基础设施应用和商业航天发展的相关策略，包括集中采购国内空间基础设施运营商的服务（甚至是保护价格）、限制政府部门采购国外服务，还要限制政府部门自成体系构建专用系统，要向市场转变，向市场购买服务，这有利于通过市场优化资源配置，形成专业化的发展，提高服务质量，促进空间基础设施应用。

（四）制定策略扶植空间基础设施制造产业链发展

1. 推动空间基础设施制造和试验设施共享

空间基础设施制造是空间基础设施应用的基础，而大型空间基础设施制造和研发需要特种的地面试验设施。这些设施建设、使用、维护均要消耗经费，需要国家相关部门或相关主体制定政策或措施，共享这种特种设施，避免国家重复投入，并激活这些设施所属部门的积极性，使之为社会服务。

2. 扶植有利于提升国民福利水平的空间设施发展

在空间基础设施应用领域，对于保障国民福利、推动社会经济发展的领域，需要坚持支持、持续发展。例如我国风云系列气象卫星投入业务运行后，为台风、暴雨、冰雹、暴雪、沙尘暴、龙卷风等灾害性天气的监测，提供了更有力的手段，为短期气候预测提供了更多有用的参数，如海表水温、雪盖、植被指数等，为改善天气预报和短期气候预测作出贡献。气象局作为气象卫星的最直接用户，共同参与和推动了气象卫星的发展。在气象卫星研制中，中国航天气象卫星研制曾经遭受很大挫折，经历了卫星在发射场技术厂房意外着火、卫星入轨后失效等，但中国气象局坚持使用国产卫星不动摇，支持并严格要求中国航天气象卫星研制单位。经过不懈努力，中国气象卫星技术指标和质量水平成为世界一流，成为世界气象卫星组织中的中坚力量。中国气象局也被中国航天界称为最好的用户。

对一些新兴的空间设施，由于新的商业模式本身就存在风险，在发展初期通常不会马上得到市场响应，其价值链有很多不确定性，从鼓励创新的角度，政府应有战略的眼光给予包括政策、技术和经济的支持。例如，许多国家的公司都在积极发展低轨高通量卫星星座，中国也有多家企业提出了设想，低轨高通量卫星星座涉及轨道频率资源，涉及民众福祉，以及国家信息安全等战略意义，政府应统筹研究给予扶植。

对一些在建或已建的空间设施，如可见光遥感卫星，从政府的策略上应通过激活市场，特别是政府作为大用户时，要通过市场采购服务扩大市场，而逐步减少定制专用卫星。从企业的角度，要认真做好项目分析，认真分析价值链，不求产业链全揽在手，而应力求降低成本，并十分重视开拓用户市场。

3. 扩展空间设施产业链

从空间设施产业链看，空间设施制造是上游，空间设施应用属于下游。在空间设施制造产业链上体现的国家工业制造水平、先进的制造能力和易构的产业链，是保障产品质量、提高产品性能、降低产品成本的基础工业条件。

在制定政策导向上，应放开空间基础设施下游的生产产业链，鼓励和扶植企业向专业和有利于集成发展，打破行政单位的行政界限限制，减少卫星上的单机，向高集成组合发展。制定政策鼓励企业采用先进技术，引领生产制造能力和水平提高，限制、不支持低端水平的再投入。开放专业产品限制，允许社会资本进入市场，在政策许可下，开展系统级的市场竞争，产业链的活分和易构有利于空间设施整体技术水平和质量水平的提高，也有利于降低成本。

在空间设施应用产业链上反映了国家市场化的发展水平，建设空间设施是为了空间设施的应用，应用越好其价值越大。为了发展空间设施产业，一定要注重产业链的建设和完善。在我国通信卫星起步阶段，为发展通信卫星，1994 年，中国航天工业总公司、国防科工委和中国人民银行共同发起设立了鑫诺卫星通信有限公司；1998 年，鑫诺卫星公司采购的法国生产鑫诺 1 号卫星成功发射投入运营（当时国内正在研制东方红 3 号卫星）。鑫诺 1 号卫星的运营从产业链来说是开拓了通信卫星应用的下游市场，尽管当时中国国内正在研制东方红 3 号卫星，但鑫诺 1 号卫星的运营为国产卫星开拓国内卫星通信市场提前布局准备。鑫诺 1 号卫星为亚太地区提供广播电视、干线通信、数据传输、互联网、远程教育等多种服务，还承担了“村村通广播电视工程”。鑫诺 1 号卫星的运营，有效扩大了通信卫星应用市场。之后，鑫诺卫星公司陆续采购了鑫诺 2 号、鑫诺 3 号、鑫诺 4 号、鑫诺 5 号、鑫诺 6 号卫星，共采购了 5 颗国产通信卫星和 6 发长征系列运载火箭，支持了国产东方红卫星平台的研制工作，有效地支撑了国产通信卫星发展，使通信卫星产业链丰满起来，也为东方红 4 号卫星平台成熟和进入国内外市场做了重要贡献。而鑫诺卫星公司在其中也得到了快速发展。这个案例展示了要抓住时机扩充产业链，重视应用市场，扩大需求支持产业链及其主业的发展。

4. 调动各种力量推动我国空间科学探索发展

目前国外深空探测商业化的发展处于快速启蒙状态，一系列商业公司以获取经济利益为最终目的，进行月球采矿、火星移民等方向的研究和开发。2016 年 7 月 20 日，美国联邦航天管理局批准月球快车公司于 2017 年年底向月球发射商业载荷，使该公司成为第一个在遵守《外层空间条约》的要求下获得政府批准向地球轨道以远发射商业航天任务的私营公司，这也是国外深空探测领域商业化发展的一项重要里程碑事件。

此外，国外商业航天公司也开始涉足火星探测领域。2016 年 6 月，SpaceX 创始人埃隆·马斯克对外宣布了其“火星殖民计划”细节，提出最早将从 2018 年开始，以每两年一次的频率，用猎鹰重型运载火箭发射红龙飞船执行无人火星探测任务，向火星运送货物和物资，并将于 2025 年左右实现载人火星探测。而 NASA 则承诺将为 SpaceX 提供“技术支持”，包括深空通信和遥测技术，深空导航与弹道设计，进入、下降和着陆系统分析和工程支持等。

我国空间科学探索领域同样需要集思广益，形成机制调动社会积极性，同时要把知本与资本同等重视，重视知本从而进一步激励创新。对于一些私营或自然人提出的有创意的空间科学探索或空间研究项目，政府主管部门应积极推动，要调动力量给予技术和设施等方面的支持。在我国现行行政管理体制模式下，重大空间探测项目多为专业部门提出，又常常封闭在本系统内抓总实施，应解放思想，鼓励社会力量介入。社会力量介入越多，民众的热情越高，就更易得到民众支持，更能获得好的创意或更好的方案。

5. 加强资本融资市场监管

新兴航天企业的快速发展，表明了越来越多的商业资本进入航天领域。据美国航天咨询机构“金牛座集团公司”（TAURI GROUP）2016 年 1 月发布的《初创航天领域投资报告》显示，从 2000 年至 2015 年年底，初创航天企业累计获得 133 亿美元的投资，包括种子投资、风险投资、私募投资、收购、公开上市和债务融资。大部分的资金来源于风险投资。其间，初创航天企业得到了快速发展，共成立了 80 家以天使投资和风险投资为背景的初创航天企业。

从国外资本市场发展趋势可以看到，创新为航天产业的未来带来更多可能。对于风险投资者来说，吸引他们的关键在于商业航天领域最重要的发展趋势是系统研制成本的下降，越来越多的卫星系统开始使用非航天级别的商业现货部组件，大量模块化和标准化的产品应用将为航天器大规模的批量研制带来可能，最终带来卫星系统研制成本和集成成本的降低。除了技术与产品的创新，初创航天企业的商业模式也比过去更加吸引投资者，初创企业更加关注个人消费者，而传统企业则更加关注机构用户。

资本市场的活跃带来另一个问题——资本市场的有效监管。在我国，随着国家对推进经济结构战略性调整、增强经济发展活力、推动国有企业改革、创新重点领域投融资机制鼓励社会投资、推动军民融合等相关扶持政策的陆续出台，越来越多的商业资本开始进入航天领域，新兴商业公司如雨后春笋般不断涌现。但由于航天产品属于资金密集型产品，投入大，单品的研发及生产对公司现金流的影响很大，更为关键的是，航天类产品的风险极大，单品损失率高，且利润回报周期长，不少商业资本在进入航天领域后开始出现竞争混乱、资源浪费、虚张声势、难以持续投资等乱象。航天是高科技，在市场上自然带有吸引人的众多光环，但航天也是高风险，对没有航天专业技术力量、没有企业之强项的知本，进入航天其风险就更大。因此，为维持商业航天市场的持续健康发展，必须在充分发挥市场融资作用的同时，加大资本市场监管，尤其应加强大额融资监管，防止恶性竞争扰乱市场，在维护市场稳定的同时，引导资本投向推动航天技术进步和产业可持续发展的方向。

第五章　航天技术应用

航天技术应用是指为进入空间、制造空间设施与空间应用所产生的新技术、科学理论发展、管理改进、生产标准以及特种地面设施等要素，并把这些要素延伸到其他行业使用、发展或推广，概括地讲就是把发展航天所生产的“强项”向其他行业发展或推广应用。从产业链上看，航天技术应用不在制造、发射、应用主产业链上，它既不属于进入空间产业链，也不属于空间设施制造与应用产业链，是在其他行业产业链上的应用。

一、航天技术应用概述

所谓航天技术，从其发展历史看，追本穷源多为在其他行业的技术基础上，结合航天的特殊要求和高可靠性等高要求，进一步发展、衍生、创新、提高，从而在某些方面达到“青出于蓝而胜于蓝”的提升。航天技术是综合性非常强的群体技术，是当代科技的前沿部分，也称为“尖端技术”。它的发展源于一系列科学技术的支持，而其成果自然可以及时、广泛地渗透应用于其他各个科学技术领域，通过向其他产业再演化、再衍生、再改造、再移植、再生产，使其广泛应用必会产生更大的经济和社会效益，引领进步。发展航天可以牵引技术进步，而航天技术再回馈社会得到尽快的应用，则会产生更高的效益、更快的经济增长，以及科技和社会进步。

航天技术应用在分类上，可以分为航天科学技术应用、试验技术应用和管理技术应用三类。

（一）航天技术应用的广泛性

航天技术战略价值日益突出，围绕航天技术开展而衍生的航天技术应用已经成为衡量一个国家高技术水平和综合国力的重要标志，航天产业更是成为国家间综合实力竞争的最前沿、可持续发展的有力支点、国家安全的可靠保障和未来新兴产业发展的重要方向。

据统计，自 20 世纪 60 年代以来，世界航天领域出现的新产品、新工艺达 12000 多种。通过这些新产品、新工艺的演化、衍生、移植而获得的创新项目不下数万种，许多项目改变了人们生产生活形态。著名的美国“阿波罗”计划，带动了力学、热力学、材料学、医学、真空技术等学科发展，产生了人工智能、碳纤维复合材料等一大批影响深远的科学和技术成果，更催生了互联网、核磁共振、激光通信、液晶电视、无线移动通信等一大批新技术产业。据国外媒体报道，美国几乎所有的技术领域都从登月计划受益，并带来了超过 2 万亿美元的经济增值。

在我国，航天工业大力推动宇航与防务领域优势技术的转化应用，孵化和培育形成了诸多影响重大的民用品牌和产品，形成了卫星应用、特种装备、节能环保、先进材料、信息技术等支柱产业。例如，在载人领域，神舟飞船进行空间对接的成像式敏感器为机械臂装上了智脑，能大大地提高生产制造行业的自动化程度；神舟飞船载人生命保障系统成为我国煤矿产业量身定制的矿用救生舱产品；神舟飞船热控涂层技术应用到民用建筑隔热涂料，成为家居建材的宠儿；神舟飞船智能温度、能源控制系统为更多的企业开展节能减排提供全新的解决方案。在深空探测领域，基于月面休眠唤醒创新方案所研制的太阳能电池帆板，服务于民用清洁能源领域；为嫦娥 3 号探测器动力系统所研制的发动机相继衍生出来的燃烧炉、结晶机、应用焊接、长输管线高效输油泵、钣金冲焊型液力变矩器、气垫悬浮运输系统，被应用到诸多民用领域。而依托航天控制与推进相关的工业控制、信息、红外等技术开发出的工控机、防伪税控系统、红外测轴仪等拳头产品，至今在市场仍然占据领先地位，形成了康拓、航天信息等品牌。依托液体火箭发动机相关的热能工程、特种泵和特种阀等专业技术优势，形成了加热炉、高速泵、安全阀、破渣机等主导产品，为石油化工等行业提供了大量优质产品。有分析表明，航天技术为传统石化、机电、能源、交通、纺织、医药等 10 多个产业，研制生产了急需的工业工程控制系统、微机数控系统和其他各种仪器设备，为半导体、电子、原材料、仪器仪表工业提供了发展良机。在我国近年来开发的 1000 多种新材料中，有 80% 是在航天技术的牵引下研制完成的，有近 2000 项航天技术成果已移植或转化应用到国民经济各个部门中，同时航天工程管理方法被应用到国家重大工程与国家组织活动建设中。

（二）航天科学技术应用典型案例

航天科学技术应用是指航天引领的一些科学技术发展、航天产品等转向民用市场。航天科学技术是军用航天产业多年来积累的前沿科学技术。这些源于航天的科学技术结合其他领域相关技术并运用到产业中，获得了巨大的效益。

1. 太阳能光伏发电产品

由于受到空间环境的影响，卫星等航天器为了降低自重，尽量不携带推进剂或很少携带推进剂，它们的能量来源于太阳能电池板。卫星太阳能电池板展开一般是靠记忆金属，当使用温度到达某温度时，它会按设定的形状自主伸开，卫星上所使用的太阳能电池板便是升空后受到辐照，温度升到某值时自动展开进行发电。

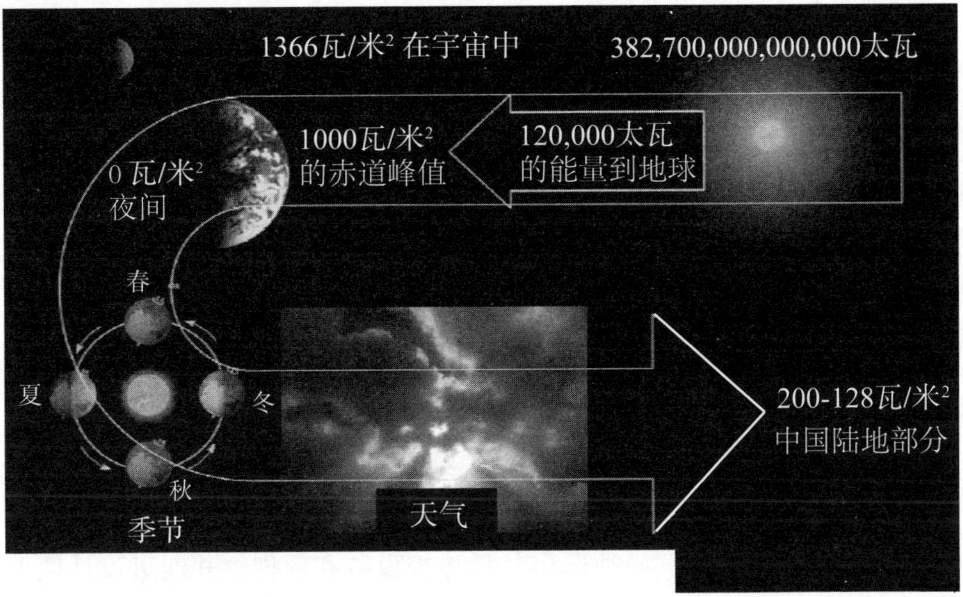

图 5–1　太阳能示意图

航天产品应用的一个典型例子是太阳能电站。卫星在轨长期工作依赖太阳光转化成电能，而用在地面则建成太阳能发电站，为民所用。21世纪以来，经济飞速发展带来的能源、环境问题日益严重，寻求新的清洁能源逐步替代传统化石能源已成为全世界的共识。太阳能是最丰富、最清洁的能源，是最有可能提供大规模稳定能源的方式，见图 5–2。而太阳能与航天镀膜技术相结合，形成中高温多种太阳能集热产品，光热转换效率比其他厂商生产的产品高出 15%，直接推动太阳能产品成本下降。目前，航天技术在太阳能中得到广泛应用，航天太阳能光伏产业已开发出新一代技术，如高效晶体硅电池、薄膜电池、聚光电池生产线、BIPV 等光伏产品销售及系统工程总承包，进入国际光伏电站建设市场，拉动太阳能组件的出口，获取海外光伏电站系统集成、电站经营。

图 5-2 太阳能

2. 热控技术

卫星热控技术是指卫星等航天器由于设备工作产生废热，因而为卫星提供适宜的热环境，必须选用各种热控设备和部件，并通过设计使卫星设备的温度、温变差以及密封舱内气体的湿度保持在总体规定的技术指标范围内，以确保卫星飞行任务的完成。卫星热控技术的典型应用就是热管，原先环路热管作为一种新型热控技术，最开始应用在空间飞行器的热控制上，成为未来高功率卫星热控制的有效手段。美国专门在航天飞机上进行了环路热管的空间实验，实验结果表明，环路热管可以作为航天器中小型可展开式辐射器的传热元件，也可广泛应用于其他仪器设备的直接热控制。

目前，热管应用的重心已由航天转移到地面，由工业化扩展到民用产品。热管技术在太阳能利用、笔记本电脑 CPU 冷却，以及大功率晶体管冷却、化工、冶金、动力等领域的传热传质设备中得到广泛应用，其中以热管式真空管太阳能集热器、热管空气预热器、热管蒸汽发生器等节能装置和电子冷却器装置最为普遍。

3. 航天泵阀技术

如果说航天发动机是火箭的心脏，那么发动机阀门就是火箭心脏的核心。液体火箭发动机需要各种超低温、高温、大流量、精确调节、快响应、高可靠性阀门，特种高可靠性阀门技术是发动机研制过程中必须攻克和掌握的技术。这些特种阀门技术被完全应用到石油、能源化工及其他行业中，依托航天阀门技术经过 20 多年的发展、提升，发展形成了特种阀、HT 系列安全阀等阀门产品，为我国石油、化工、能源、环保等行业，提供了大量高技术、高质量的阀门产品，替代了进口产品，产品和技术服务遍及全国各大中型石化企业，以及一些民营、外资、合资的石油、化工、天然气等企业，成功地解决了国民经济主导产业的工程实际问题，成为该产业链中的重要一环。以特种阀为例，研制人员开发了多种性能优良的阀门，是特种阀门国产化的先驱，2017 年销售收入达到 1.8 亿元。

航天阀门技术在安全阀系列具有较大的技术优势，在中国业内名列前茅，市场覆盖几乎至国内化工企业，成为中国第一家取得 ASME 第 VIII 卷“UV”认证的安全阀专业厂商。基于航天阀门技术的安全阀已形成 10 个系列产品，包括常规式安全阀（HTO 系列）、平衡波纹管式安全阀（HTB 系列）、大口径安全阀（HTDO、HTDB 系列）、先导式安全阀（HTXD 系列）、高性能蒸汽（ASME 第 I 卷）安全阀（HTGS 系列）、保温夹套安全阀（HTNJ 系列）、液体泄压阀（HTXY 系列）、安全阀快速切换装置（HTKH、HTKH-B 系列）等，多项系列产品获科学技术奖及专利权，2017 年安全阀产品销售收入达到 2.7 亿元。

（三）航天试验技术应用典型案例

航天产品在天不易维修，运载发射成败不可修复。为保成功必须在地面充分进行试验验证，一是为了探索原理和设计依据，二是为了验证产品在空间的适应性及质量，为此建造了一些专业、性能先进的大型地面设施，并积累了众多试验方法和技术。

1. 风洞设施

风洞是进行空气动力学试验的一项基本设备。该设备依据运动的相对性原理，通过动力系统，利用封闭或半封闭的管道控制空气喷出，将飞行器模型或实物固定在人为制造的气流中，为试验提供均匀可控的流动条件。从外观看，它就像一个出风的孔洞，故名“风洞”，见图 5-3。

图 5-3　低速风洞试验段

在航空航天发展过程中，尤其是在飞行器研制中，风洞一直起着极其重要的作用，是航天重要的地面试验设施。美国航天飞机经历了 10 万小时的风洞试验，因而风洞可谓是航空航天的摇篮。随着工业空气动力学的发展，风洞在交通运输、高层房屋建筑、风能利用、汽车以及桥梁等领域也发挥着越来越重要的作用。简单地讲，在空气中运动的物体都会涉及空气动力问题，静止的物体由于风的作用，也存在空气动力问题，当这些问题对物体本身的动力学或静力学有足够大影响时，则必须进行风洞试验。

图 5-4 汽车环境模拟风洞试验

利用风洞测试汽车和高铁等交通工具的气动性能参数，为设计改进提供减少空气阻力、噪声和提升稳定性的依据。当汽车时速达到 110 千米以上时，风的阻力占总行驶阻力的 70%，也就是说大部分燃油消耗在了克服风阻上，同时风噪也会明显增加，超越发动机噪声、路面噪声成为主要噪声源，影响乘员的舒适性。因此，优化汽车外形设计，减少风阻，提高行车安全性，降低噪音，是汽车风洞试验的主要目的。随着高速列车时速的不断提高，列车空气动力学问题日益突出，列车空气动力学研究的目的主要是减小气动阻力，改善操纵稳定性，提高安全舒适性及减小其对环境的影响。列车在空气中高速运动时，其气动性能，如气动阻力、气动升力等，与列车外形有着密切的关系。另外，高速列车小半径转弯、高铁列车进出隧道、高铁列车交会等特殊情况，会引起更为复杂和显著的空气动力学问题，这些问题都需要大量的风洞试验来提供数据并对原有设计进行改进。

利用风洞试验是现代大型桥梁和建筑安全的重要保证。气流在绕过一般非流线型外形的桥梁和建筑结构时，会产生涡旋和流动的分离，形成复杂的空气作用力。当结构的刚度较大时，保持静止不动，这种空气作用力只相当于静力作用；当桥梁和建筑结构的刚度较小时，结构振动得到激发，这时空气作用力就不仅具有静力作用，而且具有动力作用，就必须进行以风致振动为重点的桥梁抗风研究。常见的三种桥梁风洞试验分别为静力三分力试验、弹簧悬挂刚体节段试验、全桥气动弹性模型试验等。大型建筑和桥梁均需按照相关的风洞试验国家标准开展试验确认。

利用风洞试验为城市规划、环境保护提供科学依据。城市中高楼鳞次栉比,密集的建筑群与风相互作用,在不同的风场条件下会出现绕流涡、下冲流、角区流、变化的尾流和穿堂风等效应和现象，这些给城市环境带来了很大影响。如城市建设中缺乏科学合理布局，致使有些地方尘土飞扬，而有些区域由于楼群的阻塞使得空气滞留，通风不畅。近年来，城市机动车保有量大幅增加，加之冬季燃煤取暖、工厂合法或私下排放，我国许多城市出现了雾霾等严重的环境问题，对自然扩散条件不佳的城市影响尤为严重。因而，在城市规划中开展必要的风洞试验，改进规划设计，有助于改善城市环境，促进污染物的扩散。

2. **振动台**

由于卫星结构复杂，研制成本高，研究周期长，而且是单件生产，所以必须设计一套适合卫星自身特点的环境试验方法。发射和起飞时，卫星及其部件需要经过多种复杂动力学环境条件的作用,可能发生失效。为了保证卫星能够经受住恶劣的环境条件而不遭受损坏，必须把它们放在模拟力学环境的地面设备中进行环境试验，其中振动台就是完成振动试验的主要平台。

振动台平台由振动台部分和数采两部分组成，振动台部分主要包括振动台台体、功放、冷却单元、控制传感器、控制仪等，数采部分主要包括数采传感器、信号适调仪、动态应变仪、数采分析仪等，能进行重量 1 吨以下卫星整星级正弦振动和随机振动试验，见图 5–5。20 世纪 90 年代后，随着我国航天事业的快速发展，我国对研制部门提出尽量缩短研制周期、减少航天器重量、提高航天器寿命的要求。为了满足上述要求，振动台从开始引进到自主设计，目前中国航天科技集团有限公司已经完全掌握振动台制造技术，航天振动台技术已进入民用市场，应用于房屋结构动强度测量、水力冲击模拟、医疗保健市场等。很多企业为了提高其生产产品的质量，购置振动台或租用振动台对其产品动强度进行测试，找出薄弱环节，改进结构提高产品可靠性，使之寿命更长、更安全可靠、更受用户欢迎。

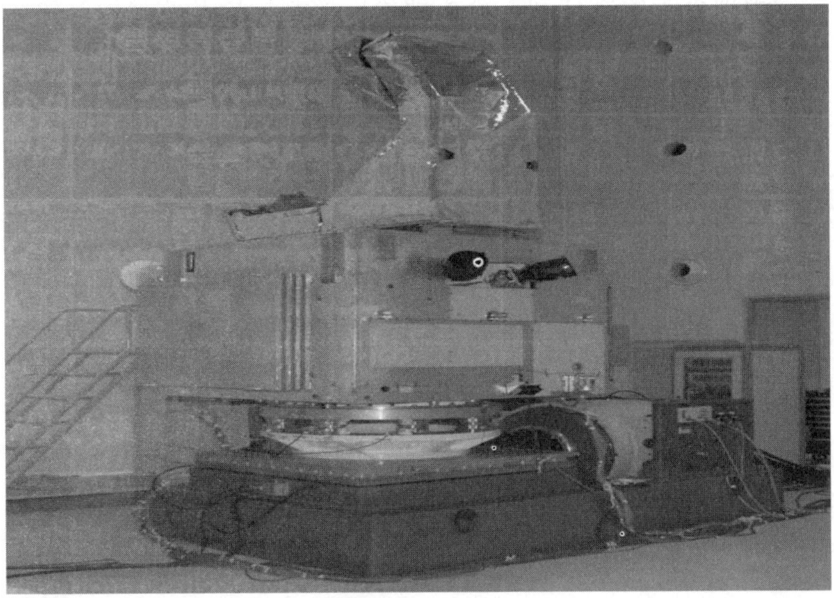

图 5–5　振动台

（四）航天管理技术应用典型案例

航天是复杂的系统工程，人类发展航天技术不仅带动了科学技术进步，同时促进了管理技术进步。

1. 阿波罗项目管理

第二次世界大战后，一些重大空间和国防项目需要协调其庞大的预算、进度与技术关系，“阿波罗计划”的实践被认为是项目管理的源头，对社会的管理技术进步起到了巨大的推动作用。阿波罗计划是美国从 1961 年到 1972 年从事的载人登月任务，历时约 11 年，耗资 255 亿美元，成功完成 6 次载人登月任务，在工程高峰期涉及约 2 万家企业、200 多所大学和 80 多个科研机构，总人数超过 30 万人。阿波罗计划的成功，充分显示了项目管理的作用。阿波罗计划将项目管理方法更加全面地发展起来，用系统方法加强对阿波罗计划整体过程的管理工作，将其管理工作全过程划分为编制计划、分析评价、控制指导及监督检查等阶段，创造性地运用了新的管理方法，推广使用了电子计算机从事生产与科研的管理方法，高效保障了阿波罗计划的顺利完成。

在阿波罗计划中，NASA 在采用网络计划技术基础上，开发出著名的“矩阵管理技术”，对项目的立项、规划、评价、实施等进行控制。在项目实施中，工程管理人员将风险管理运用于项目管理中，采用失效模式和关键项目列表等方法进行管理，2 万家企业参加、40 万人参与、700 万个零部件的大型项目顺利完成。阿波罗项目管理“图形评审技术”被广泛应用于航空航天、核工业、电子、建筑等行业。20 世纪 80 年代以后，管理人员发现许多在制造业经济时代下建立的管理方法，发展到信息经济时代已不再适用。在制造业经济环境里，强调的是预测能力和重复性活动，管理的重点很大程度上在于制造过程的合理性和标准化。在信息经济环境里，产品的独特性和多样化取代了重复性和标准化，而项目管理正是实现独特性的有效途径。于是，在许多行业，例如通信、计算机、银行、保险和制药业等行业出现了项目管理热，开始推行航天工业的项目管理方法。

如想快速了解某一项目的管理水平甚至是某一企业的管理水平，只要进入这个项目或企业查看其计算机网络中的项目管理情况，就能初估该项目或企业的管理水准。

2. 系统工程思想

20世纪40年代，国际上提出并开展了一般系统理论与研究，二战后，系列重大国防与航天计划，有力地推动了系统工程理论与方法的研究和应用。阿波罗登月工程是其典范。

中国的系统工程研究可以追溯到20世纪50年代，钱学森在国防部第五研究院建院后不久，组建了型号总体设计部，这是我国航天系统工程的开端。钱学森指出，一个航天型号的研究、设计、试验、生产是一个复杂的组织管理过程，必须考虑到从概念研究到部署使用全寿命周期活动的要求；必须综合集成多种学科和专业技术，包括一些必须事先攻关的前沿技术；必须组织成千上万科技人员和管理人员在十几年的研制过程中协同工作；同时必须保持整个研制过程中技术、经费、进度的协调进展。系统工程方法是组织管理这些航天型号系统研制工作的唯一选择。

航天系统工程是指运载火箭、人造卫星、载人飞船和导弹武器系统等航天型号，从需求出发，综合多种专业技术，通过分析、综合、试验和评价的反复迭代过程，开发出一个总体性能优化的系统产品。其思想内涵归纳起来主要包括：（1）加强总体设计部建设，搞好总体方案设计、技术抓总与技术协调。（2）充分发挥型号两条指挥线的作用，保障航天型号工程顺利实施。（3）强化以型号总体研究院为基础的型号科研生产组织体系。（4）严格按科研程序办事，严格控制各阶段的技术状态，避免出现重大反复。（5）始终坚持质量第一的方针。

航天系统工程在航天型号管理中建立并发展，得到了社会认同，也被广泛应用于经济社会发展。如在地质调查与自然灾害预防中，运用精确位移动态测量、无线网络传输与信息处理技术，监测和预警地质灾害，这是一种需要精确测量、高速计算、快速处置的系统工程，既需要运用系统工程技术，也需要以系统工程管理做支撑。在重大活动组织中，如2008年北京奥林匹克运动会、2010年上海世界博览会、2011年广州亚洲运动会等系列重大组织活动，均采用系统工程思想并取得成功。2022年我国冬奥会已经将航天系统工程作为主要组织管理手段。在企业安全生产中，航天系统工程为各级企业制定科学的安全生产方针和政策提供理论依据，为企业指导安全投入、完善安全管理、科学地进行安全经济决策，以及进行事故损失评价提供方法。

应用系统工程方法，全过程、全要素、全寿命综合分析，分析、抓准主要矛盾，用系统思维方式解决问题，是减少错误、少走弯路的有效和快速发展的法宝。习近平同志在党的十九大报告中指出，要牢固树立社会主义生态文明观，推动形成人与自然和谐发展现代化建设新格局。建设生态文明是中华民族永续发展的千年大计，生态环境的修复、治理和保护是一项复杂的系统工程。推进生态文明建设要坚持系统思维。

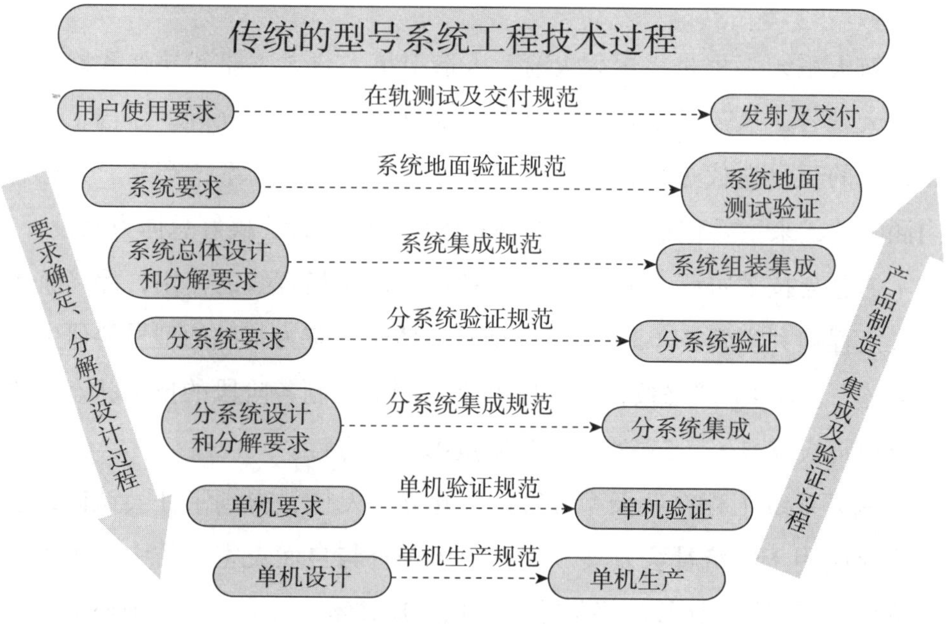

图 5-6 航天系统工程示意图

3. 航天“双五条归零”

20 世纪 90 年代中期，中国航天加强系统工程，特别是在质量管理方面，创出了系列重大举措，形成诸如“重心前移”“从源头抓起”“一次成功”的系统工程管理思想，制定了“技术归零”和“管理归零”的“双五条归零”标准，见表 5-1、5-2，建立了从定性到定量综合集成的航天系统工程管理方法，得到了世界同行的认可，航天“双五条归零”成为世界航天质量标准。

表 5-1　技术归零五条

序号步骤	要求	基本内容	作用关系
一	定位准确	准确确定质量问题发生的部位	基础
二	机理清楚	通过理论分析或试验等手段确定质量发生的根本原因	关键
三	问题复现	通过试验或其他方法，再现或确认质量问题发生的现象，验证定位的准确性和机理分析的正确性	手段
四	措施有效	针对发生的质量问题，采取纠正措施，经过验证确保有效	核心
五	举一反三	把问题信息反馈给本系统和本单位，检查有无类似隐患	延伸

表 5-2　管理归零五条

序号步骤	要求	基本内容	作用关系
一	过程清楚	查明质量问题发生的全过程，以便找出管理的薄弱环节和漏洞	基础
二	责任明确	根据责任分清造成质量问题的责任主体，并分清责任的主次和大小	依据
三	措施落实	针对管理上的薄弱环节和漏洞，制定并落实有效的纠正措施和预防措施	内容

续表

序号步骤	要求	基本内容	作用关系
四	严肃处理	严肃对待管理原因带来的质量问题，达到教育及改进的目的，对责任主体视情节予以处罚	保障
五	完善规章	针对管理上的薄弱环节或漏洞，健全和完善规章制度，加以落实，从制度上避免类似问题再次发生	规范

航天质量问题“双五条归零”标准的贯彻实施，取得了显著的质量提升。1996~2009年，长征运载火箭发射连续75次取得圆满成功，成为世界著名品牌。航天产品研制出现质量问题，都必须按“双五条归零”标准严格执行。凡经历了质量问题“双五条归零”的单位或个人，都能体会到“双五条归零”之难。在早期航天实行“双五条归零”的过程中，曾经历一发火箭竖在发射塔一个多月进行归零，不归零绝不发射，原航天工业总公司领导顶住各种压力，以实际行动坚决贯彻“双五条归零”。也正是这种坚定的决心和行动，在航天业内逐步形成了对质量问题严格执行“双五条归零”的企业文化，这种文化持久保证了航天型号的高成功率。

航天“双五条归零”标准不仅在航天业内适用，在其他行业也同样适用，现在无论哪些企业为航天供货，对其产品出现的质量问题必须按航天“双五条归零”要求做，这是航天坚持不动摇的。“双五条归零”标准执行起来虽然很难，但坚持执行就会有效减少问题重复发生，显著提升工作质量。

4. 航天标准

航天标准是航天工业最优发展的重要管理手段，通过制定“门槛性”标准，不仅能够提升产品质量，推动标准化的产品检测和认证工作，建立规范市场秩序的技术标准和管理体系，将行业标准做成“事实标准”

形成垄断，如美国 GPS 导航系统通过“门槛性”标准建立市场准入机制，在主要应用领域发布面向应用终端设备的性能标准，并成为“事实性的国际标准”，占领了世界主要市场，形成对世界经济体的一种高效控制。

我国航天事业经过 60 多年的发展，取得了举世瞩目的辉煌成就，技术水平大幅提升，形成一套独立自主、公开发布、全面反映我国航天技术水平的标准体系，有力支撑航天领域的政府间合作、产品联合研制、对外发射服务、整星及设备出口、卫星地面设施建设及空间数据应用等工作，带动我国其他高端产品、技术、装备和服务“走出去”。

我国航天标准主要包括：（1）航天管理标准。航天顶层管理要求类标准，命名、型谱等基础标准，空间碎片的碰撞预警与减缓等空间可持续性标准，航天科研生产许可、节能环保、安全健康等政策指令和程序要求类标准。（2）产品保证标准。航天重大工程项目研制生产质量控制等质量保证、可靠性保证标准，跨行业研制、应用的元器件、原材料、零部件等基础产品标准。（3）工程技术标准。航天器和运载火箭系统、分系统、单机等的术语、接口要求、通用的技术要求和通用的试验方法类标准以及产品规范。（4）运行服务、空间应用和空间科学标准。卫星遥感、卫星通信、卫星导航等卫星应用相关的技术要求和接口要求、应用数据的预处理和质量评价等标准，空间科学的实验方法标准、空间环境标准，发射服务与运行服务的技术、接口、数据等方面标准。航天标准不仅保证航天型号研制成功，保证航天产品质量，而且扩大到我国科学、技术、经济合作，在国家贸易往来与物质交换上起到协调、推动和保护作用。

航天非常重视标准化工作，有专业的标准化研究所，形成了建立标准的一套有效制度和经验，这些制度和经验对其他行业都有借鉴作用。采用航天标准可以提高质量和效率，有效地建立标准可形成企业“门槛性”

标准，建立准入基准，对其行业形成有水准的保护。

二、航天技术应用产业策略与研究思考

（一）注重政策引导，发展产业链与价值链

从产业链来看，通常某项航天技术应用不构成完整产业链，它多是产业链的一个环节，甚至是某生产过程中的一项服务，所以进入产业链，必须遵循其规律，并使其环节的价值、效率或质量等要素实现增值。当然，以围绕某些航天技术应用为主，也可在其他行业形成产业链或子产业链，这就需要配套诸如采购、营销、服务等产业链的前后端，形成较完整的价值链。

航天技术进入其他产业链要结合该行业进行再演化、再衍生、再改造、再移植、再生产，使之技术适应具体产业的特点，必然会产生更大的经济效益和社会效益，引领进步。在航天小批量生产以可靠性为第一位，在市场则要追求批生产质量稳定和最经济地满足客户需要，并不断改进，引导用户、服务用户。航天技术应用于民用市场，必须要有思想方式的转变、技术转化和管理模式的改革，诸如技术转股、职工持股等都是为调动积极性、适应市场而进行的模式改革。

要重视价值链分析，我们习惯于定性分析，由于没有每个环节及每个步骤准确细致的财务数据，只能从宏观、定性上去判断。对于采用一项技术所带来的价值，由于缺少准确细致的财务数据，也只能从事后的最终结果统计去判断该技术产生的价值，如在环节过长的情况下，中间会有许多加减项，这个统计价值就可能是不准确的，采用新技术不能得到有效的价值体现，自然采用新技术的积极性会受到影响。企业高效科学发展应重视价值链分析工作，这是基于准确细致的财务数据的数学分

析，财务数据是大量的，是需要时间积累的，在现代开发的大数据分析方法完全可以精准地进行数学分析，最基础的工作是将每个过程进行财务数字量化并存储入库。

航天技术向民用转化符合中央政府提出的军民融合发展方向，在政府策略制度制订上，要减少行业壁垒，鼓励先进技术进入不同的行政行业体制。要引导企业进行价值链分析，对国企甚至可以强制要求进行价值链分析，对于那些价格高而价值增值少的产品或环节，要求必须向市场开放，这无论对企业还是市场都是促其发展的手段之一，通过市场“无形的手”去优化企业的产业链。开放的产业链可以使新技术进入产业链，并且促使技术再创新，军民融合就能更有效发展。

企业应进行价值链分析，通过分析优化产业链，进行合理的产业布局、改进技术、精简流程、提效节流，这是对企业负责的价值链增值的表现。建立有效的专利发布和转让机制，组织投融资机构，特别是让市场化程度很高、真正意义上的产业发展基金参与其中，制定相应的公共政策来指导、协调和化解制度障碍，打通产业链与价值链，加大政府公共采购，推动航天技术应用产业合理布局，提升航天技术应用产业的市场竞争能力，保持航天产业技术的活力。

（二）重视知本的价值

航天技术，通俗地讲是航天产品研制过程所生产的“强项”，是航天人努力创新所获得的知识，其中很多获得了国家专利，其技术知识点受到国家保护。华为公司任正非先生讲知识等同于资本，知识 + 资本 = 知本。现代社会财富累积，市场上有很多资本，这些资本都在寻找能产生效益的机会，而这些机会的核心多为创新的知识，是资本围绕着知识。

华为公司每年花费数千万美元在全球申请专利，同时支付约 2 亿美元的专利许可费，以获得业界其他公司专利技术的合法使用权，作为自主研发创新的重要补充。同样，华为公司以自己专利收取其他公司的专利许可费，快速推出质量性能领先的产品，满足客户需求，并营造出有利于全球拓展、企业长期发展以及和谐产业环境与知本保证。

航天技术进入其他产业应用，需要进行二次开发与转化，这里涉及知识产权许可、技术人员的再创新能力以及管理团队对知识与资本的运作结合，实现向知本的深度转化。

航天技术要进入其他产业应用，还需分析其所具有的知本和要进入的产业链上的固有知本是否互补，如果你的知本在产业知本链上根本不是强项，等于你没有知本。知本是人们工作累积和创新所获得的成果，不应和人脱离。企业要知本和资本结合，对个人要知本和奖励结合，要积极调动和保护科技人员的持续创新热情。对个人知本和奖励结合，是激励人们创新的有效动力。

要高度重视并保护知识产权。在知识经济时代，知识产权已经成为越来越重要的产权形式，是航天技术应用产业各生产要素中最为活跃、更具价值的成分。航天技术来自于航天军工科研单位，而航天军工是整个国民经济的中坚技术力量，有大量自主知识产权成果，如嫦娥 3 号任务获得授权的国防技术达 50 余件，中国航天科技集团有限公司每年产生近 5000 余项专利，这些技术成果的转化可以成为航天技术应用发展的新动力。但这些专利实际转化并不如人意，分析原因有的是专利用途面太窄，有的是需要人们再转化而缺少动力、等用户上门而没有主动转化的激情。

政府、企业在制定政策和制度上，应进一步解放思想，在航天技术应用上，继续开展知本、资本、员工持股产权模式，同时加大知本的持股比重，在以知本为基础的市场行为中获取收益时，加大分红力度，激励人们的创新热情并不断创新。

（三）高效发挥航天专有设施作用

为了探索空间原理、积累设计依据、验证产品在空间的适应性及质量，确保航天设施入轨和运行成功，航天产品必须在地面充分试验验证，为此建造了许多大型地面试验设施，这些设施多为国家出资，其建造费用、运行试验费用和日常维护费用相对较高，但对航天发展起到了非常重要的保证作用。

从这些设施所属权看，它们都分割在各行政单位内，由此带来一些问题：有的从不向外推介，社会了解很少；有的使用维护费较高，对外收费也高，社会上的一些小企业用不起；有的因没有项目经费，就没有开展理论、原理性、原创性研究。另外，国企也愿意申请国家经费重复建设。因此，为使这些国家投资的重要地面设施充分发挥作用，应制定一些政策和提供经费补贴为社会开展服务。

试验费补贴政策：对国家政府认同的市场行为项目（非国家立项项目），在指定的设施上进行试验时可以给予补贴，这些补贴是对社会创新的实际鼓励。在国际上也有惯例，如NASA为SpaceX免费提供发射场，法国为法属圭亚那发射场提供每次发射的经费补贴，这些都是以航天设施减免使用费对市场项目的支持。

鼓励学校使用设施补贴政策：对一些设施，每年会拿出一定机时提供给学校使用，让学生们了解设施、操作设施开展实验，激发学生的爱好、动手能力和想象力。也可鼓励教师利用设施带领学生开展原理性实验、理论验证实验，为原始创新提供条件。这些补贴政策是对万众创新的实际支持，是为航天培养后续人才，是以实际行动鼓励讲科学、爱科学，必会产生社会效应。

政府也应统筹安排，采用现代网络手段，统计政府投资设施的使用率，物尽其用，避免重复。

要对每个设施定密，有据可依，使设施尽量对社会开放，服务社会，为国家创造财富。

（四）提升产业管理水平

党的十八大以来，习总书记提出国防科技工业军民融合深度发展必须要用系统思想，要坚持国家主导、市场运作，要充分发挥市场配置资源的决定性作用，要由主要国有大中型企业为实施主体向多元经济成分延伸，最终向经济、科技、教育等行业全社会覆盖，实现经济效益、国防效益、社会效益的最大化。

按照习总书记的要求，航天技术应用产业发展中将航天系统工程的成熟理念引入产业谋划，引入航天产品生产，将产业发展目标逐级分解为具体措施，建立目标层、构件层和要素层构成的航天技术应用产业价值体系，其中，目标层反映产业发展的愿景和诉求，体现为发展速度、发展质量和产业前景的六个方面的指标；构件层是目标层实现的基础支撑，主业构成与产业前景直接关联，资产价值是产业价值的直接表现，管理内核是实现产业价值的基本保障；要素层是将构件层进一步分解为影响产业价值的要素，建立要素之间的关联关系，不断通过各要素的提升，强化构件层，最终带动产业价值提升，逐级集成工程和成果，最终实现产业价值链的跃升。航天系统工程是指导航天型号研制、取得创新成果的法宝，航天产业必须坚持和发展。同样，系统工程思维也适应于其他行业、适应于行政管理及政策研究。我们善于系统性地研究问题，而缺少系统性地分析问题。系统性研究常是定性的探讨，而系统性分析则要量化、有数据支撑。企业要高效科学地发展，应重视价值链分析工作，在基于准确细致的财务数据上进行数学分析。通过系统的数据分析，更易精准判断，有效减少失误，使数据更具真实可信，数据分析是系统量化分析的基础。随着世界现代科技的发展，数字地球、数字中国、城市大脑这些都需要量化数据。在决策时了解有无具体数据分析、管理时关注数据是否被记录下来，加强量化工作和数字化建设，这是系统分析的需要，也是跟上时代智能化的步伐，见图 5–7。

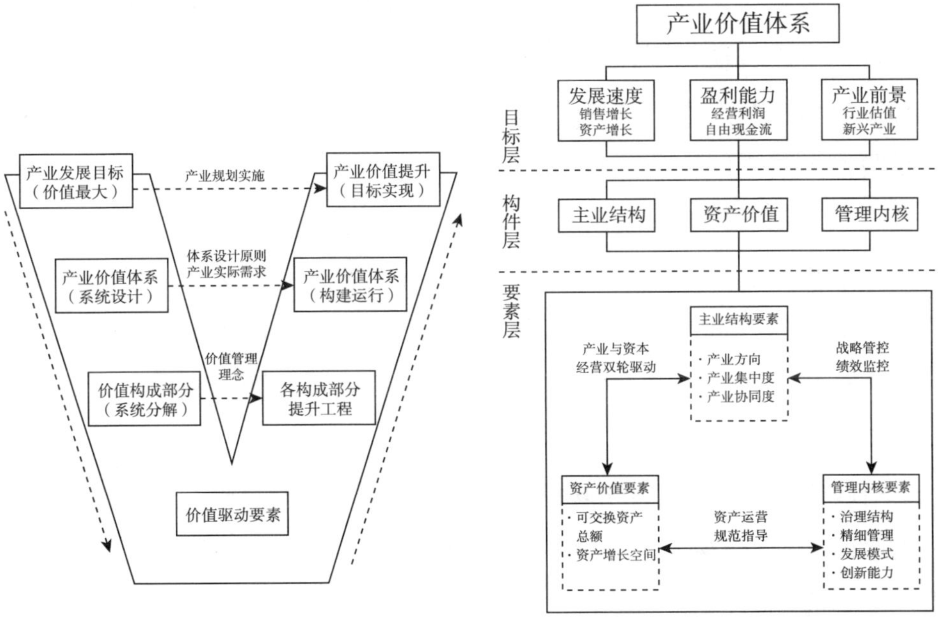

图 5–7　航天系统工程与航天技术应用产业逻辑机理

（五）培育产业主动性

航天的宗旨是科学探索、服务社会，因此要有航天技术应用于社会、服务于民生的意识和责任，且大有作为。如今航天技术应用已进入社会生活的各个领域，如煤、化工项目依托航天动力技术，风电项目依托复合材料技术，航天员抗骨丢失、抗肌肉萎缩成果应用于造福长期卧床的病人。航天技术在社会上应用的越广，其带来的价值越大，对社会的贡献也越大，会促进科技进步，提高社会发展水平；而科技进步和社会发展水平的提高，又会为航天发展搭建更好的平台，推动民众支持发展航天，这样正反馈循环，形成能够极大提升航天技术发展的动力。

关注社会热点，利用航天技术思考解决社会热点问题、潮流产业，都可能使航天技术得以应用。比如，航天有特种车制造技术、特种高效电机研制能力、充电池强项技术，还有电动汽车必须解决的热控与充电池结合技术，自动伺服控制也是航天强项。航天有这些强项，但却为何没有在电动汽车上有所作为，值得思考。对航天企业而言，要把建立产业联盟作为培育航天技术应用主动性的重要抓手，避免单打独斗。要借鉴航天系统工程理念，主动对接不同行业、企业，系统解决问题，实现市场需求与航天技术的对接落地。要加大既熟悉航天又懂市场的智库建设，培养有市场观念的人才队伍，懂航天技术又了解市场，抓住市场机遇，积极主动探索结合发展。要建立激励机制，调动积极性，主动建言献策。

对政府而言，要培育市场的开放度，在产业上游打破行政行业限制，采用广而告之信息透明、市场招标公正合理，鼓励先进技术而不是低端重复、低价竞标。

第六章　民用技术向航天融合

民用技术向航天融合是指民用技术向进入空间、空间设施制造和空间应用延伸，成为空间应用产业链的一部分，甚至在航天领域形成某一专业产业链。任何一项民用技术向航天融合都会延长其自身的产业链，不仅在航天领域大有作为，而且在自身产业发展上也能大放异彩。

一、民用技术发展进入太空大有可为

所谓民用技术是相对于航天技术，它可以是某项技术，也可以是某领域的特性集合，其实质内涵是“强项”，即某一领域强项的泛指。从航天空间设施应用历史发展来看，许多领域都是在地面需求旺盛，并与航天融合得到了更大的发展，使该领域的技术水平迅速提高，生产效率大大提升，产业发展范围不断外延，诸如通信、遥感等与航天融合发展已成为航天的重要产业链。

（一）通信卫星发展

20 世纪 50 年代以前，人类社会通信技术仅限于地面，由于受地球曲率的影响，为了能进行长距离、大范围的通信或广播，需要在地面建造高塔进行微波通信或广播，而空间具有的高度优势，可大大减小地球曲率的影响，人的思维跳出地面维度，通信视野由地面走向空间。1945 年，英国人 A・C・克拉克首次提出静止卫星通信概念，指出在地球静止轨道上布置 3 颗人造地球卫星作为中继站，在地面站之间反射或转发无线电信号，就可以实现全球通信。1958 年，美国发射世界上第一颗通信卫星“斯科尔”（SCORE），进行了电话电报存储转发试验。1962 年，美国发射的电星 –1（Telstar–1）和中继 –1（Relay–1）卫星，先后进行了跨大西洋和跨太平洋电视传输试验，卫星通信试验取得成功。由于不受地势影响，覆盖范围广，通信量大，发展实用通信卫星、开展通信业务的呼声日益高涨。1962 年，美国政府通过了《通信卫星法案》，为通信卫星的商业运营铺平了道路。此后各国又开始发展区域和国内通信卫星系统。20 世纪 90 年代，为应对地面无线移动通信和光纤通信技术的发展，卫星通信不断寻找新的业务领域，提出了低轨通信卫星星座计划。1997~1999 年，“铱星”和“全球星”（Globalstar）等星座相继完成部署，开始提供商业服务。以“直播电视”（DirecTV）卫星、“回声星”等为代表的电视直播卫星也快速发展。进入 21 世纪后，人们对大容量、高速率通信的要求越来越高，开始出现面向个人的卫星宽带接入服务，同时固定通信、移动通信、卫星广播、数据中继等各个业务领域亦取得了全面发展。

（二）遥感卫星发展

遥感卫星发展源于望远镜技术。早期望远镜技术，同样受地球曲率的影响，人们的视野受到了限制。为能达到更大范围的观察，人们把望远镜技术与航空结合，发展了以飞机为平台的航空光学观测技术，出现了一大批航测公司。由于飞机的不可持续性以及受自然条件的影响，航测遥测技术也随之深受影响。第二次世界大战后，由于军事侦察的需要、微波雷达的出现以及红外技术的发展，光电转换电子成像、数字通信等技术的发展汇聚到了航天，向航天融合发展了以卫星平台为载体，加载不同的可见光载荷（可见光望远镜）、不同光谱的载荷或雷达载荷，逐步发展形成遥感卫星，极大地带动了遥感技术的发展。

美国是发展遥感卫星最早的国家。1959 年发射的先驱者 –4（Pioneer–4）探测器在近地轨道拍摄到了地球云图。后续多个国家以人造卫星为遥感平台，利用太空中的遥感装置收集地球大气、陆地和海洋等目标辐射、反射或散射的电磁波信息，并加以记录，由信息传输设备发送回地面进行加工和处理，从而获取反映地球相关目标的信息。卫星遥感观测范围广，基本能够实现全球覆盖，并周期性地获得大气云层、地球表面、海洋环境、植被覆盖、人类活动等多种信息，大幅增强人类对地球的认识和理解能力，尤其是系统化和综合化的认知能力。21 世纪以来，遥感卫星开始向高空间分辨率、高时间分辨率、高光谱分辨率的方向发展。传统的航天大国继续发展高性能遥感卫星，如美国国家海洋与大气管理局发展了第五代 NOAA 卫星，开展全球大气、海洋、地表、空间等环境监测活动。新兴航天国家也多以遥感卫星为突破口，采购或研制自己的遥感卫星，商业遥感蓬勃发展，多家公司提出了遥感小卫星星座计划，例如行星公司的“鸽群”立方体卫星，美丽大地公司的“天空卫星”（SkySat）等。

（三）气象卫星发展

早期人类对气象观察仅限于天气预报初级阶段，通过地面成千上万的气象观测站，直接测量每个站点的温度、湿度、风速等气象参数进行天气预报。但气象技术受制于观察视野，很难从全球大趋势进行分析预判。气象人仰望星空，开阔思路，将气象预报技术与航天结合，开拓了气象卫星领域。随着气象卫星技术的发展，特别是卫星经过地球两极，可以实现全球观测，在中期数值天气预报、气候诊断和预测、自然灾害和环境监测等方面可以提供有效的观测资料，带动了气象技术发展，气象卫星应运而生。

自1960年世界上第一颗气象卫星成功发射以来，气象卫星经历了从试验到业务、从民用到军用、从太阳同步轨道到地球静止轨道、从单一仪器观测到多载荷仪器综合观测、从定性到定量、从单星系统到多星系统等不同发展阶段。世界上凡拥有独立空间建设能力的国家，都把气象卫星作为应用卫星的重点，积极发展自己的气象卫星并形成业务能力，组成了全球气象卫星观测网。目前，气象卫星已经是重要的国家基础性、战略性空间系统，特别是近年环境问题日益严峻，自然灾害频发，以及现代战争对如云层情况、海浪、大气温度、压力、风速等参数的准确性提出了更高要求，美国、中国等航天发达国家加紧研制新一代气象卫星，欧洲、俄罗斯等国家和地区也十分重视气象卫星的研制，形成了高、低轨稳定运行的立体业务格局，完成了从试验应用型向业务服务型的转变，实现了业务化、系列化的发展目标，取得了一系列的辉煌业绩。我国成为世界上第三个同时拥有地球静止轨道气象卫星和太阳同步轨道气象卫星的国家。气象卫星数据共享，使人们能够从全球云图等气象参数变化趋势，准确判断和预报未来几天的气象和局部地点的天气，可以看到台风的形成、路径并预报走向，为防灾减灾起到了重要作用，造福民众。

二、利用空间进行科学探索大有可为

人类探索、开发和利用空间，除了具有重大的科学意义，还因为空间具有微重力、高真空、强辐射、超洁净的特殊环境，以及高位置、地外天体矿产等重要资源，这些环境与资源在人类社会的经济、生产、生活等各个方面，都能发挥独特的作用。在科学探索前沿与航天融合，利用太空的独特环境或能更利于科学探索的发现。

（一）太空望远镜

空间天文学是空间科学最重要的基础科学之一，而空间技术的发展又历史性地把天文学推进到空间天文学的时代。太空望远镜一直是天文学家的梦想，因为通过地面望远镜观测太空总会受到大气层的影响，而在太空设立望远镜，意味着把人类的眼睛放到了太空，盲点降到最小，可以不受大气层的干扰而得到更精确的天文资料。早期人类为了摆脱厚厚的大气层对天文观测的影响，设法选择海拔高、观测条件好的地方建立天文台。随着航天技术的发展，太空望远镜应运而生，典型的是哈勃望远镜，见图 6–1。哈勃望远镜于 1990 年由航天飞机送上太空，目前已经观测到了超过 3.8 万个星体，捕捉到太阳系和更多星球的影像，改变了已知的天文学知识。哈勃望远镜的重大发现和研究，涵盖了深度太空天文学的每一个前沿，包括黑洞位于星系中间、宇宙的扩张和加速速度，在宇宙大爆炸之后早期的银河系形成，以及环绕其他恒星运转的星球让人类居住的可能性。在至今发射的航天器中，有近 10% 是空间天文望远镜或探测器，因空间天文发展而带动工业技术和国民经济发展的例子比比皆是。进入新世纪，世界天文学研究形成了美、欧、俄、日四大巨头，特别是美国在世界天文学研究中遥遥领先，这是 NASA 制定长期战略计划大力发展天文事业的结果。NASA 预计在 2018 年 10 月发射韦伯望远镜，韦伯望远镜被称为“哈勃望远镜的强大继任者”。NASA 表示，韦伯望远镜敏感度是哈勃望远镜的 100 倍。尽管哈勃望远镜仍未退出历史舞台，但宇宙中最初天体的波长已超过了哈勃望远镜所能探测的范围，人们只可以查其痕迹，却无法睹其真容。凭借韦伯望远镜技术，预计可以探测到大爆炸后两亿年的情景，从而回答与早期宇宙、星系演变以及外星生命有关的问题。我国计划建造一套性能将超过哈勃望远镜的新型太空望远镜，具有与天宫空间站交会对接的能力。天文学与航天融合，已产生大量的学术成果，成为天文学的重要研究手段。

图 6–1　哈勃望远镜

（二）量子卫星

量子力学是现代物理前沿科学，研究微观粒子的运动规律，原子、分子、凝聚态物质，以及原子核和基本粒子结构、性质的基础理论。在量子力学上的突破可能对宏观世界的认知有新的高度。根据量子理论，微观粒子可以处于量子叠加态。近距离地面试验证明，量子纠缠是量子力学的一个经典现象，即在多粒子量子系统中，一对具有量子纠缠态的粒子，当其中一个状态改变时，另一个状态也会即刻发生对应改变。

2016 年 8 月，中国发射了首颗量子科学实验卫星“墨子号”，见图 6–2。潘建伟院士提出，发射量子科学实验卫星主要有三方面目的：第一是做卫星和地面之间的量子通信；第二是能够通过卫星实现远距离的纠缠光子分发，测量量子纠缠现象，并在远距离地点之间对量子力学预言的非定域性进行检验；第三是做量子信息的远距离传送，学术语言称为量子隐形传态。之所以要做卫星和地面之间的量子通信，原因在于尽管我们现在用光纤上网，但量子通信信号在光纤里传输 100 千米之后，99% 的信号都耗掉了，那么想做 1000 千米的量子通信，现在的技术远远不够，但是上天之后，通过量子卫星则可以传播几百 K 的密钥，大大提高量子保密通信的密钥分发数量。

图 6–2　墨子号量子卫星

将量子力学与航天结合，不仅有利于科学研究，也有利于将前段的科学成果尽快转化为应用。通过量子卫星作为地面网络的中转站，可以将地面多个城市中建立起的城际量子通信网络连接起来，从而极大地提高量子通信的效率。量子卫星可以实现千千米量级的量子非定域性实验检验，对人类加深对量子力学基础理论的认识具有重要意义，同时也可以证明建设全球规模的量子通信网络设想是可行的。

我国自主研发的量子卫星突破了一系列高新技术，包括同时瞄准两个地面站的高精度星地光路对准、星地偏振态保持与基矢校正、星载量子纠缠源等工程级关键技术等。我国科学家借助量子卫星完成星地高速量子密钥分发实验，在相距1200千米的尺度上测试被爱因斯坦称为“诡异的”量子纠缠现象，在西藏阿里和卫星之间实现量子隐形传态实验。墨子号量子卫星提前且圆满地完成了预先设定的全部科学目标，其系列成果赢得了巨大的国际声誉，推动我国科学家在量子科学前沿领域取得了重大突破，对于推动我国空间科学卫星系列可持续发展具有重大意义。

（三）深空探测

遨游宇宙、探索深空是人类一直以来的美好愿景。1957年，世界第一颗人造卫星成功发射，为人类揭开了开拓外层空间的新篇章，随后深空探测逐渐成为人类重要的航天活动领域。人类通过对地球以外其他星体的探测，了解行星的起源和演化规律，探索和揭示生命的由来及其在宇宙中的进化，进一步认识地球环境的形成和演变，并为开发空间资源、保护地球免受其他小天体危害开辟新的途径。深空探测对人类的持续生存和不断向地球以外的空间拓展有着重要的现实意义。近年来，深空探测无论在深度还是广度上都取得了巨大的成就，而推动深空探测发展的原动力则是科学探索与技术进步。人类已经渡过了深空探测的初级阶段，正在向中级阶段迈进。未来的深空探测活动将不仅仅局限于作为人类认识宇宙、了解自然规律的一种方式，还将成为人类保护地球、进入宇宙、拓展生存空间的一种手段，也将是人类进行空间资源开发与利用、空间科学与技术创新的重要途径。美国、俄罗斯、欧洲航天局等航天大国和组织相继制定了20年甚至更长远的深空探测规划。这些规划表明，月球、火星和小行星仍将是未来深空探测的重点和热点，但其探测的内涵和深度较前期的探测活动将有明显提升。月球作为地球唯一的天然卫星，技术成熟的航天大国将月球探测作为其深空探测的首选，如美国的“重返月球计划”、欧洲航天局的“曙光”空间探索计划、中国的探月工程等。

我国探月工程“绕、落、回”三步走战略的前两步已取得圆满成功，下一步将在2018年实现人类首次月球背面软着陆与采样返回任务，为开展更远深空目标的探测活动奠定基础。火星成为人类行星探测的首选。美国的载人火星探测计划，将首先执行机器人先驱任务，并完成火星采样返回，继而结合月球或载人小行星探测任务，完成载人火星探测技术的试验验证，最后完成火星载人探测任务。随着航天技术的发展和空间科学研究目标的提高，小天体探测由早期的“飞越、环绕”探测，逐渐发展到目前的“撞击、附着与采样返回”。一言以蔽之，开展深空探测对于推动空间技术、空间科学、空间应用的发展，带动科技创新，促进经济和社会持续进步等，具有十分重要的意义。

三、太空带来更多机遇

民用前沿技术是未来高技术更新换代和新兴产业发展的重要基础，是国家技术创新能力的综合体现。民用前沿技术与航天结合，可以发挥科技引领未来发展的先导作用，提高国家航天技术的研究开发能力和产业的国际竞争力。人类有移居其他星球的美好愿景，此梦想会牵动更多的探索和机会。

（一）毕格罗充气舱

毕格罗公司是一家位于美国内华达州北拉斯维加斯的太空技术创业公司，由罗伯特·毕格罗于1998年成立，其资金在很大程度上由毕格罗积累的财富而来。毕格罗拥有连锁酒店“美国预算套房”，是属于商业航天中很有个人兴趣的典型企业家，他创建了毕格罗公司，拥有载人航天实验室和工厂。毕格罗公司与NASA签署协议，于2013年在国际空间站上测试由其提供的微型模拟可充气式太空舱，2015年发射大型可充气式太空舱与国际空间站连接，供空间站内航天员使用，直至 2020 年国际空间站寿命结束为止。随着毕格罗的不懈努力，他的这一梦想正逐渐变为现实。毕格罗公司正在开发一系列的原型和生产空间站组件，包括创始 1 号，一个三分之一大小的原型于 2006 年 7 月 12 日发射，重约 3000 磅（1360 千克），尺寸约为 14.5 英尺（4.4 米）乘以 5.25 英尺（1.6 米）；创始 2 号，与创始 1 号大小相同，加入其他系统进行测试和发送付费会员的物品。

图 6–3　毕格罗充气舱

毕格罗公司的可充气式任务舱（IMM）将对灵活可展开载人级太空舱进行验证，以确定在全结构载荷和载人的情况下，可充气式太空舱的可居住性和贮存性能。以这个结构演示器为开端，验证工作涵盖了先进的系统生活舱、环境控制与生命支持系统等。

毕格罗率先将软体充气舱技术应用到空间，可以说是他的个人爱好，也代表了人们探索空间的愿望。这是一个很典型的例子，随着科技的发展社会财富的累积，人们有愿望也开始有能力实施自己的爱好、探索实现梦想。航天发展需要人们主动探索，这些探索推动着航天发展，扩大着航天需要，也引领着技术发展。

（二）3D 打印

3D 打印是快速成型的一种，也称为增材制造技术。与传统的去除材料加工技术完全不同，3D 打印采用分层加工、迭加成形的方式，通过逐层增加材料生成 3D 实体。3D 打印技术地面制造业得到了快速发展，航天产品制造也越来越多的应用了 3D 打印技术，此外，空间维修、空间制造也在积极探索 3D 打印技术。

目前，所有航天任务完全依赖于地面制造产品，并通过运载火箭向太空运送设备。距离地面越远，运送设备的时间就越长，费用也越高。人类一旦具有在太空中制造物品的能力，就可以彻底变革现有的太空活动方式。到那时，航天员们将不再需要通过火箭和飞船运送重要设备的零部件，或许只需安装一台 3D 打印机，备好所需原材料，就能制造出他们需要的硬件。

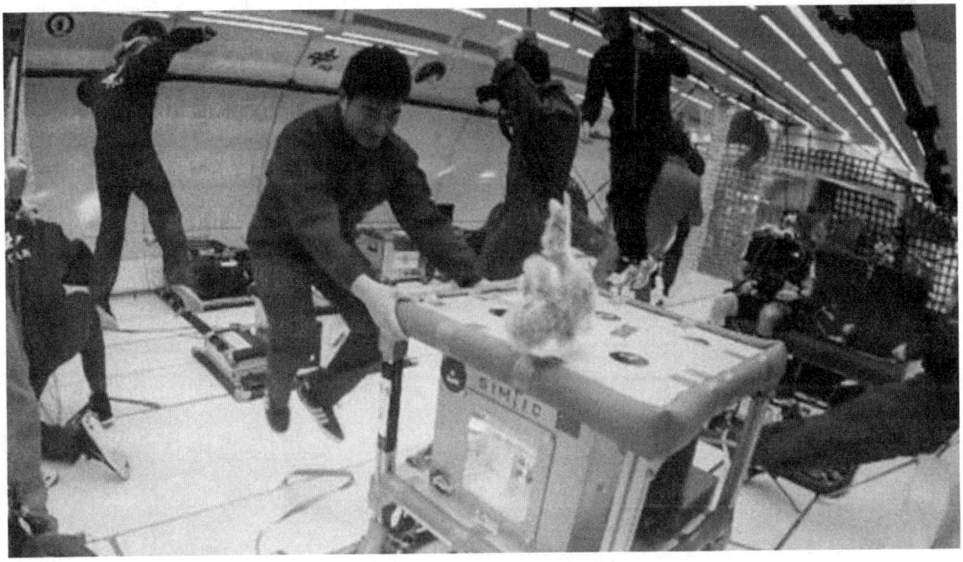

图 6–4　3D 打印

NASA 局长查尔斯·博尔登表示，“NASA 将继续探索太空，无论是对小行星进行转向或将人类送至火星，我们都需要革命性的技术，以减少运载货物的航天器的质量和体积。未来，航天员或许能够在太空中打印他们所需的工具或部件”。2014 年 9 月 21 日，猎鹰 9 火箭发射的“龙”飞船，给空间站送去了一台微波炉大小的 3D 打印机——ZeroG3D，目前，3D 打印技术在太空微重力环境下已得到验证，并能够打造出设计文件中规定的部件。

通过 3D 打印技术实现太空制造，这仅仅是现在所看到的能够实现的一种方式，还会有也一定有其他的空间制造方法，需要我们去探索，去创新实践。

（三）新科技发展与航天融合

近年来，人工智能技术得以高速发展，被各行各业所重视。人工智能的概念形成于 20 世纪 60 年代，其发展经历了三次大的浪潮：第一次是 20 世纪 50~60 年代注重逻辑推理的机器翻译时代；第二次是 20 世纪 70~80 年代依托知识积累构建模型的专家系统时代；第三次是 2006 年起开始重视数据、自主学习的认知智能时代。在数据、算法和计算力逐渐成熟的条件下，人工智能开始真正解决问题，并在医疗、教育、能源、金融、旅游、环保、互联网、交通、公共服务等领域切实创造经济效果和进步，与人工智能技术结合已成为发展趋势，并确实高效和快速发展。

航天是高技术，需自动控制，会产生海量数据，处理这些正是人工智能的强项。人工智能与航天紧密联系大有可为，如在深空探测中，在人为控制受限的条件下需要航天器具有人工智能自主控制能力；在太空出现高能粒子辐射等恶劣环境条件时，需要航天器依据自主判断做出应对决策；未来海量航天器共存于太空，呈现交通拥挤状况时，可将人工智能能力应用于太空的交通规划管理等。未来，人工智能将更加趋向于民用技术的航天应用，如高分图像大数据采用人工智能算法，挖掘其中蕴含的有用信息。随着航天应用能力的跨越式提高，人工智能技术与航天技术都能彻底改变技术应用行为的认知，重建人类与机器之间的相互协作关系。人工智能与航天技术结合不仅是民用技术向航天融合的一种尝试，更是一次技术层面的革命，对生产效率的大幅改进、人类劳动的部分替代、生活方式的根本变革，而必然触及社会、经济、政治、文学、艺术等人类生活的方方面面。

航天技术在20世纪中后期明显引领了许多行业的技术进步，而随着人们认知能力的提高和探索创新愿望的增强，科技设施支撑使科学理论、科技水平得以整体快速提升，不同学科、不同行业创新发展了许多新技术，诸如纳米技术是用单个原子、分子制造物质科学，其所研究的结构尺寸在0.1~100纳米，要研究出有特殊属性的纳米材料，并在纳米动力学、纳米电子学、纳米生物学和医药学取得众多成果。航天也借用纳米概念，“纳米卫星”不仅只是小尺寸，这种用纳米材料、用纳米级高度集成器件制造的卫星，其性能一定有惊人的提高。除纳米技术外，在大数据、云计算、在线、图像识别、生物、植物、医药、先进制造等方面与航天结合，可以提供新型的研制手段和太空环境，不仅有利于科学研究出成果，也有利于技术进步和成果转化应用。

21世纪的今天，航天从引领发展扩展为助推科学理论、技术创新发展的有效手段和工具，各行业可以己之强，仰望星空拓发展。

四、民用技术向航天融合策略研究与思考

（一）积极扶持民用技术融入航天

民用技术融入航天，符合军民融合发展的国家战略，是军民融合

的内容之一。为加快军民融合发展，2017 年 1 月，中共中央政治局召开会议，决定设立中央军民融合发展委员会，习近平任主任。中央军民融合发展委员会是中央层面军民融合发展重大问题决策和议事的协调机构，统一领导军民融合深度发展。国家在军民融合发展的战略指导和规划统筹显著加强，中共中央、国务院、中央军委制定印发《关于经济建设和国防建设融合发展的意见》，首次从中央层面明确了军民融合发展的重点。国务院、中央军委颁布实施《经济建设和国防建设融合发展“十三五”规划》。这些举措从顶层组织和政策上开始落实和布局军民融合发展。

在军民融合发展的国家战略下，对民用技术与航天融合也应制定相应的策略和机制，要从顶层设计、顶层推动、顶层实施入手，积极支持民用技术向航天融合，以利于加快推进民用技术与航天深度融合发展，建设世界一流的中国航天。

民用技术与航天融合，要实现强强联合，打破行政约束、行业垄断。要扶植企业以自己的技术（强项）进入航天产业链，或以技术加入航天产业链的某一环节，或在航天领域发展技术，成为新的航天产业链。

民用技术与航天融合要做的工作很多，需要用系统工程分析的方法进行认真研究，这涉及民用与航天双方技术创新战略的协同、技术创新资源的协同、技术创新平台的协同、技术创新制度的协同、技术创新政策的协同、军民法规的协同，需要处理好民用技术创新和航天技术创新的关系。涉及体制、机制的改革，要解放思想，减少行政约束，建立政策导向，引导国企开放产业链，鼓励有强项的民企参与航天产业链，要强化市场的优化产业链，达到有效重组科技、资金和人才资源的战略目标，壮大企业实力，形成持续的产业竞争优势，打造军民融合的高技术产业集群，实现技术协同向产业协同的军民融合发展的格局跨越。

（二）从己之强仰望星空拓发展

随着经济社会的信息化进程和基础学科的迅猛发展，越来越多的新科技如信息科学、量子科学、生命科学、微机电、人工智能、天体物理、植物学等在其领域加速研究同时，也积极利用网络交流信息，并与其他学科协同研究，新科技呈现跨界融合的新发展态势。利用空间进行科学探索更有其优势，空间具有微重力、高真空、强辐射、超洁净的特殊环境，以及高位置、大视野的特点，与诸多新科技都可以产生交集。为发挥空间科学探索优势，政府应制定政策，支持科技探索项目与航天结合，为其搭载或进入空间提供机会，建立机制通过商业模式、共享成果模式加财政补贴等多种方式，鼓励航天企业主动积极地与其他科研机构合作，为科学探索进入空间提供机会和共享成果。

而今人类进入太空已不是难事。在世界科技迅猛发展的当代，人类一方面能跳出习惯的地面思维观与航天结合，利用航天进入太空，借太空环境或许能有更多的发现。另一方面，诸多学科技术与航天深度融合，形成多领域交叉，带动更多行业技术跨域创新，既为经济社会发展带来新的动力，也为航天未来发展提供新的空间。

科技进步和市场需求，促使航天产业快速扩张，带动航天制造业需求增长，也为民用技术进入航天产业链提供了更多机会；同时，航天的高标准、高可靠性、高要求，也会促使民用技术再进步。

在国家军民融合发展的整体战略设计中，要进一步加大新科技与航天融合、产业融合的力度，实现技术、产业与资本的高效结合，理顺产业的成长阻碍，推动技术与商业模式的协同创新，进一步完善技术融合后的激励机制与推广奖励力度，推动技术向市场转化，同时航天企业也要进一步发挥技术和能力优势，突出高技术方向，利用混合所有制、资产证券化等市场手段与民用技术融入相向而行，形成新的战略新兴产业。

政府要研究制定相关政策，维持市场公平，推动国企进入市场，开放产业链，以市场规则运营，调动各企业的创新积极性。

（三）完善进入航天的机制与标准

航天企业经过长期的积累，技术“家底”雄厚，形成了行业标准、规范、专利、制度、程序等，在地面试验设施建设了众多专业设备和生产设备，这是保证研制航天产品少走弯路、确保成功的一套有效方法和保障。民企等其他企业要进入航天，应遵循其相关标准和制度，这其中可能涉及相关专利、工艺“诀窍”、购买专业产品、使用航天设施等，需要政策研究和制度保障。

在国家航天政策研究上，要建立有法可依、有制度可行、有程序必须遵守的政策保障体系。要明确哪些标准、制度必须遵守，违规如何惩罚，专利和工艺“诀窍”如何共享又能保护和调动发明人的积极性。企业面对市场竞争，必须有经济效益，国企必须使国有资产保值增值，不能不计成本去竞争。要研究和建立公平竞争的市场机制，减少行政保护、开放产业链，鼓励通过市场手段优化产业链的构成，鼓励先进技术进入产业链，提升产业制造水平，引入技术、激励人才、开放和扩大市场三管齐下，促进我国基础工业水平提升。

鼓励民用技术与航天融合、扩大航天市场，需要开放航天产业链，建设好民用技术融入航天的支撑机制，打造适合快速发展的软环境，搭建具有民用技术融入航天的产学研中介与信息平台，架起人才培养、金融扶持、商业投资、技术开发、项目孵化、产业发展的桥梁。建立民用技术融入航天的标准体系，通过民用技术航天标准外伸链条及实现方式上形成突破，提高融入效率和降低融入成本，实现高效的技术进步和企业发展模式变迁。

第七章　航天发射及相关服务

航天工程是复杂的系统工程，涉及运载火箭、发射场、测控、卫星、地面用户终端，以及卫星频率和轨位资源、发射安全、商业保险、金融服务、发射许可等。对于国家立项的工程任务有专门的组织机构对相关事务进行组织协调，还可委托商业发射公司进行相关服务。

航天发射及相关服务是指向客户提供商业发射服务、卫星在轨交付、卫星地面测控站建设、保险金融、人员培训及技术转让等整体解决方案，同时包括卫星载荷校准、卫星频率与轨位协调、售后服务以及物流服务等配套系统服务。中国商业航天起步于国际商业发射服务，通过不断演进，已能为国际客户提供全方位系统服务。

一、商业发射现状

（一）国内商业发射服务发展

自 1985 年中国政府宣布向国际市场提供发射服务以来，中国长城工业公司（以下简称“长城公司”）代表中国航天，共完成 60 次国际商业发射服务，发射了 45 颗国际商业卫星（包括 9 颗通信卫星和 2 颗遥感卫星在轨交付项目），同时完成 9 次搭载，发射了 11 颗小卫星。

1988 年 11 月 1 日，长城公司签署了首份商业发射服务合同，并于1990年4月7日成功实施；2005年4月12日，成功发射首个不含美国受控部件的国外高轨通信卫星；2007年5月14日，首个我国自主研制的通信卫星在轨交付项目完成发射，实现了通信卫星出口；2012年9月29日，首个遥感卫星在轨交付成功完成发射，实现了遥感卫星出口。

20世纪70年代末，改革开放的东风席卷华夏，正是在这样的大潮中，1980年10月16日，长城公司肩负着将中国的航天技术服务和其他产品带出国门的使命，与同期成立的一批工贸公司一起，成为国防科技各个行业对外开放的标志性产物。长城公司承担了上级主管部门——航天工业部的进出口业务，还代行航天工业部民品生产管理职能，负责航天系统民品的开发、生产以及出口，完成国家出口创汇指标。1992年，中国经贸部批准中国长城工业公司更名为中国长城工业总公司。2004年，中国长城工业总公司进行重组，后成为中国航天科技集团公司的全资子公司。

长城公司是中国政府授权从事商业发射、卫星系统整星出口以及开展国际空间技术合作的唯一商业机构。1986年5月19日，航天工业部下达文件，批准长城公司成立宇航部，负责承办卫星及运载火箭服务业务的对外联系、洽谈、报价、签约、运输等商务工作，承担有关单位对外技术谈判和出国组团等对外联系和组织工作。这是中国政府正式授权长城公司开展卫星及商业火箭发射的专营权。1989年，中国政府进一步明确由长城公司作为总承包商对外负责市场开发、商情调研、对外洽谈、签约、执行合同并负责处理执行合同中的涉外事宜。长城公司与中国运载火箭技术研究院、中国空间技术研究院、上海航天技术研究院和中国卫星发射测控系统部等合作伙伴，共同构成中国航天进军国际宇航市场的核心团队。

在得到中国政府的有力支持后，长城公司商业发射服务开始进行得很顺利。1986 年 1 月到 1987 年，长城公司签订了 2 份发射服务合同。1987 年 1 月，美国特雷卫星公司在北京与中方举行了合同签署仪式，这是中国发射外星的第一份合同。随后，瑞典弗利亚卫星发射、澳大利亚在美采购 2 颗通信卫星及其发射招标等，使中国获得了 5 颗卫星发射定座协议。

然而，国际商业发射服务市场竞争的复杂性很快就显现出来。美、欧联合打压中国火箭，以“政府补贴、低价倾销、扰乱市场”为借口遏制中国。20 世纪 80 年代，美国按军用产品控制商业通信卫星出口。美国政府担心中国通过发射美国的卫星，抢占市场，并得到美国卫星的技术秘密。1988 年 9 月，美国里根政府通过其驻华大使洛德向中方提出，按照美国商业法律中的相关程序，只有中美政府间完成了关于中国发射服务有关协定的谈判后，美国政府才同意发放美制卫星到中国发射的许可证。之后，中美两国政府代表团于同年 10 月和 12 月在北京和华盛顿进行了两轮谈判。经过紧张而艰苦的会谈，中美双方终于在 1988 年 12 月 17 日和 1989 年 1 月 26 日先后在华盛顿正式签署了两国政府间关于发射服务的三个协议，即《关于卫星发射责任的协议备忘录》《关于商业发射技术安全的协议备忘录》和《关于商业发射服务国际贸易问题的协议备忘录》。至此，在中国政府的努力下，国际商业发射服务市场的大门终于向中国人开放了。1985 年至 1999 年间，长征火箭成功发射或搭载的 31 颗外星中，美制卫星占 26 颗。

从 1999 年起，美国通过了《1999 财年国防授权法》，将商业控制清单管辖的所有卫星及相关物项全部转移到军品清单，接受美国的《国际武器交易条例》（ITAR）管制，禁止使用长征火箭发射美制和含有美制零部件的卫星，致使中国 5 个在轨执行发射服务中止，正在洽谈的多个发射协议中途夭折。自此，中国长征系列运载火箭再未发射美制卫星以及含有受控美制零部件的卫星。

为打破这一不利局面，中国政府就有关事项在中美战略经济对话、高科技贸易出口研讨会、中美商贸联委会等多个平台或机制下，与美方进行交涉，敦促美方放宽商业卫星出口管制。中国国家航天局作为中国政府在国际航天事务中的代表，多年来积极加强与美国国务院、NASA等相关主管机构的接触与沟通，以期推动中美航天合作对话的重启。在中国政府多年来的努力下，中美航天对话终于有所突破。2015 年 6 月，第 7 轮中美战略与经济对话召开，两国“决定建立双边政府间定期民用航天合作磋商，第一次会议定于当年 10 月在中国召开”。2017 年 11 月，在第三次会议上，中美双方共同确立了后续开展的重点方向：空间政策与商业航天、空间探索、空间碎片及安全、地球科学与空间科学等。

截至 2017 年，长城公司已向国际客户提供了 62 次发射服务。在面临美国政策限制等不利条件下，长城公司之所以能够在国际发射服务市场上取得如此成绩，正是依靠着其一贯全面而周到的“一揽子服务”。除了专业的商业发射服务外，长城公司还向国际客户提供频率轨位咨询与协调、工程项目支持、人员来华培训与参观等服务。“一揽子服务”展现出长城公司强大的专业实力，提升了客户对长城公司的产品和服务认同，为长城公司进一步拓展国际市场打下有利基础。

在商业航天大潮下，国内有一些公司要进入运载研制领域，甚至在没有取得运载火箭技术实质进展的情况下，就宣传对外承揽发射服务，盲目降低运载费用。“价格战”带来的内耗并不利于我国航天事业的发展，尤其是某些公司在不具备技术实力的情况下，缺乏对自身技术研发周期的准确预估，在承接国际客户的发射合同后，无法按时履约，造成国际市场上的毁约，极大影响了我国的航天形象。

通过多年来的不懈努力，中国航天成功地在国际商业航天中占有一席之地，得到了全世界的广泛认可，得到了我国政府的支持和统一领导，得到了有强大实力的集团公司作为后盾，其运载火箭发射成功率高，卫星性能可靠，做到了对外渠道归一，避免国内同质化产品竞争，打造了一支专业化的国际团队，具备了较高的议价能力。

（二）国际商业发射服务模式现状

2012~2015 年近三年时间里，GTO/GEO 商业发射服务市场，全球共签订 64 颗高轨卫星发射订单。其中，法国阿里安空间公司和美国 SpaceX 公司分别签订了 33 份和 12 份发射合同，在全球绝对领先。在这一领域，法国阿里安空间公司一直是行业翘楚。该公司的主力火箭阿里安 5 能够一次搭载 2 颗 5 吨左右的卫星，但在实际制造过程中，即使是同一家卫星制造商研制的 2 颗卫星都很难做到同时出厂，因此双星发射对于法国阿里安空间公司扩充业务，一直有一些影响。随着 SpaceX 公司猎鹰 9 的日趋成熟，阿里安公司开始面临来自 SpaceX 公司猎鹰 9 的挑战，尽管现在来看这个挑战仍主要集中在 5 吨以下的量级。

SpaceX 已着手新建全球第一个民营发射场，计划已获得 FAA 批准。除 SpaceX 外，美国 ULA 也在参与高轨道的国际商业发射服务市场竞争，获得过墨西哥的发射合同。抛开政治因素和价格因素，发射服务市场竞争，实际比拼的是火箭质量。

美国航天公司发布了 1999 年以来全球主要运载火箭发射成功次数和可靠性分析报告,美国军方项目的火箭发射全部取得成功,火箭性能可靠。俄罗斯的火箭虽然发射次数多，但失败也比较多，火箭可靠性近期表现稍差。欧洲阿里安火箭虽然两次首飞失败，但改进后的火箭发射连续取得成功。如前所述，国际发射服务市场竞争除了技术和质量的因素外，还受政治因素的影响，政治因素已成为中国商业航天无法获取更多国际商业发射服务市场份额的最主要障碍。

LEO/SSO 等商业发射服务市场竞争态势表现为供应充足、竞争激烈。目前，LEO/SSO 等市场发射服务需求不是特别大，一部分 LEO 卫星以科学实验为目的，商业价值有限，主要靠政府支持；另一部分 SSO 商业遥感卫星发射虽然比较多，但实际其数量（相对较高轨道的通信卫星）也不可比。低轨道发射服务的国际商业市场以俄、美、欧为主导，中国长征系列运载火箭从 20 世纪 90 年代到现在，相继完成了瑞典星、美国铱星、土耳其 GK-2 卫星和委内瑞拉遥感 1 号等卫星的发射，取得了不俗的成绩，但与美、欧主流火箭相比，仍然一直在这个市场的边缘徘徊，特别是进入 21 世纪以来，主要仍是受到政治因素的阻碍。

二、航天发射的相关服务

（一）保险

航天保险是指保险人对火箭和各种航天器在制造、发射和在轨运行中可能出现的各种风险所造成财产损失和人身伤亡给予保险赔付的一种保险。根据航天项目进展，航天项目保险可划分为火箭和卫星制造阶段保险、发射前保险、发射保险、卫星在轨寿命保险以及航区落区保险。

发射前财产保险业种涉及的标的物包括卫星本身、运载火箭、发射场财产以及实施发射所必需的财产，它的保险期限是卫星从组装车间向发射场运输、卫星在发射场安装以及卫星和运载火箭对接这一全过程。发射前阶段是最为安全的阶段，保险费用最低，平均水平为被保险财产价值的 0.01%~0.05%。

发射阶段财产保险是商业卫星所有支出中第三大支出项，该保险业种所涉及的保险对象是从第一级火箭发动机点火时刻起，到整个卫星进入预定运行轨道并开始履行下一步功能为止投保方遭受的所有损失。由于在发射和初步运行阶段（LEOP）发生故障的概率最高，所以该阶段的保险费率也最高。发射阶段财产保险业种的保险费率主要取决于具体运载火箭的可靠性、成功率和运行质量。例如，由于连续 80 次的发射成功，阿里安 5 发射阶段财产保险费率已低至 4%，猎鹰 9 首次发射的保险费率则高达 12%。根据信利保险公司（XL Catlin）统计，在 2000 年初期，发射阶段保险费率达到了峰值 21%，近年来有大幅下降，而且不同火箭型号之间的差别也在缩小，当前，国际上对较为可靠的火箭型号采用的费率在 6%~7.6%，我国长征系列运载火箭的保险费率通常为 6%。

航区落区保险是指由于坠落的火箭残骸造成航区、落区财产和人员损失，需要进行相关理赔保险。火箭发射前，需要根据预测坠落地点，提前做好疏散等工作，避免人员伤亡等问题。目前，大多数国家的型号任务发射都未对航区、落区投保商业险，通常由政府担负落区责任，对相关财产损失进行赔付。当前可以比照《民用航空法》，判定相关责任。对于商业航天而言，商业是非政府行为，不能继续依靠政府担责。作为商业发射服务商，一是要确保火箭质量、航落区精确计算和箭下点设计，担负社会责任，维护国家形象和人民财产安全；二是要积极主动入保航落区商业保险，对相应财产损失进行赔付，不能归过于政府。

卫星在轨运行保险所包含的范围包括卫星偏离运行轨道、推进剂系统或卫星联络系统失灵以及其他导致卫星无法正常工作的故障等。该险保费率在当前阶段达到了历史最低值，现在已经降到卫星总价值 0.5% 的水平，国内费用一般为低于保险标的物价值的 1.2%。根据 XL Catlin 公司统计，目前全球在轨卫星数量 1550 颗，其中有购置在轨保险数量 270 颗，不足总数的五分之一。大部分购置了保险的卫星为民用卫星，并且以 GEO 轨道卫星为主。

中国卫星保险行业以 20 世纪 90 年代初期安排长征系列运载火箭提供对外发射服务为开端，长征系列火箭的发射保险由中国人民保险公司和太平洋保险公司承保，并依据商业惯例将大部分保费分保给国际市场，自留份额一般在 3% 左右。人保财险在 1989 年正式加入国际航空航天承保人联合会（IUAI），成为其会员，该保险是全球航空航天保险承保人的组织。

1996 年前后，长征火箭发射国外卫星几次失误，由于国内保险公司的承保能力有限，而国际卫星保险界对长征系列运载火箭的可靠性又存有疑虑，致使安排长征火箭发射保险遇到了很大的困难。为了解决这种局面，在中国人民银行和财政部的指导下，由中国人民保险公司牵头，联合中国再保险公司、中国太平洋财产保险股份有限公司、中国平安保险股份有限公司、华泰财产保险股份有限公司、永安保险股份有限公司、大众保险股份有限公司、华安财产保险股份有限公司、水安财产保险股份有限公司、新疆兵团财产保险公司等非寿险公司和再保险公司成立了中国航天保险联合体，建立卫星发射保险专项基金，以支持长征火箭的发射保险。其运行机制为：在能够得到国际分保支持时，联合体成员公司自愿认购自己的净自留额，其余份额统一安排国际分保；在得不到国际分保支持时，联合体承担全部保险责任，成员公司按其各自资本金、公积金、准备金之和占总量的比例，确定每一笔业务的自留额。这充分体现了我国政府对发展航天事业的支持，同时在航天保险方面注重与国际合作。

（二）金融

发展航天需要高投入，但是对于许多有意愿发展航天的潜在客户而言，他们并没有能力支付巨额的前期投入，这就需要寻找合适的金融机构为其提供金融支持，包括提供从研发、生产乃至运营的全产业链金融服务。对项目融资有需求的客户，可结合我国银行的国际业务经验，充分发挥在国际经济合作领域的比较优势，提供中国政府优惠贷款申请支持，包括优惠买/卖方信贷申请支持，并可根据申请时期的不同时机与具体政策环境申请中国政府或相关部门的其他专项融资项目支持。此外，还可为用户提供具有竞争力贷款利率的商业贷款申请支持，豁免商业贷款出口信用保险申请支持等。

当前，鉴于目前中国大多数的潜在客户为发展中国家，在提供发射服务时，作为政府授权从事商业发射、卫星系统整星出口以及开展国际空间技术合作的唯一商业机构，长城公司可提供“两优”贷款。“两优”贷款是中国援外优惠贷款和优惠出口买方信贷的简称，是中国政府给予发展中国家政府的政府援助贷款。中国进出口银行是中国政府指定的“两优”贷款业务唯一承办行。

发射服务商要协助客户办理相关贷款，需提供借款国政府借款申请函、商务合同、可研建议书、环评报告、业主材料、执行企业和主要分包商/供货商材料等。有时发射服务商甚至要为客户提供担保，作为融资很重要的一方面，充分利用我国的援外政策可以为商业宇航项目获得资金渠道。我国援外项目的主管单位包括国家商务部、国家科学技术部、国家发展和改革委、国家工业和信息化部等部委。国家商务部的援外职责包括：负责我国对外援助工作；拟订并执行对外援助政策和方案，签署并执行有关协议；编制并执行对外援助计划，监督检查援外项目执行情况，管理援外资金、援外优惠贷款、援外专项基金等我国政府援外资金；推进援外方式改革。国家发改委与援外相关职责包括：按国务院规定权限审批、核准、审核重大建设项目、重大外资项目、境外资源开发类重大投资项目和大额用汇投资项目；研究提出利用外资和境外投资的战略、规划、总量平衡和结构优化的目标和政策。国家科技部援外相关职责包括：组织拟订对外科技合作与交流政策，负责政府间双边和多边及国际组织间科技合作与交流工作，指导相关部门和地方对外科技合作与交流工作，负责驻外使领馆科技干部的选派与相关管理，组织科技援外与科技援华相关工作。

贷款费率是影响发射服务竞争力的重要因素，卫星运营商同样需要寻求低费率的贷款，在相关政策的扶持下，我国较低的贷款利率也提升了我国发射服务的竞争力。下表列出当前国际在从事相关宇航贸易时具有代表性的银行贷款条件。

表 7–1　中外宇航贸易贷款条件对比

银行	贷款总额	担保条件	提款期	还款期	利率	总费率
COFACE/HSBC	85%保额，保额包含卫星、地面、保险、相关服务等	主权担保	35 个月	10 年	浮动利率：LIBOR+1.25% 固定利率：CIRR+0.5%（Euro）	LIBOR+3.23% Euro 或 CIRR+2.48% Euro
美国进出口银行	85%保额，保额包含发射服务	主权担保	35 个月	10 年	浮动利率：LIBOR+0.95% 固定利率：CIRR（USD）	LIBOR+3.25% USD 或 CIRR+2.31% USD
中国进出口银行（优惠信贷）	合同总价最多 85%	主权担保	最长 3 年	最长 15 年	固定利率：2%	2.60%
中国银行（商贷）	合同总价最多 85%	主权担保	最长 3 年	最长 12 年	浮动利率：LIBOR+240bp	LIBOR+380bp（含信保保费）

（三）测控

航天测控主要完成火箭、卫星的跟踪测量、遥测、遥控等任务，实现火箭飞行状态掌握和安全控制，以及在轨卫星的轨道测量与确定、运行状态管理、工作状态控制、载荷数据接收与分发等，为卫星发射回收、在轨应用提供不可或缺的支撑作用。作为商业航天非常重要的一个环节，商业化的测控管理逐渐被越来越多业者及资本人士所重视。

从国外发展现状来看，国际上有一定影响力的商业测控公司包括瑞典空间公司（SSC）的 PrioraNet 全球地面站网和挪威康斯伯格卫星服务公司（KSAT）的卫星测控网。目前，国外主要商业公司火箭、卫星测控模式基本情况见下表。

表 7-2　国外主要商业航天公司测控模式

公司名称	主要业务	测控模式
Oneweb	低轨通信卫星应用服务	自建站：计划自建数个 Ku 地面站
SpaceX	发射运载服务	自建测控中心，购买测控服务：发射测控购买军方服务，在轨运行自行控制与 NASA 控制结合，在轨运行测控购买商业服务
轨道成像公司	商业遥感卫星应用服务	自建站：有数据处理中心和 10 余座地面接收站，能对卫星实现控制，并完成遥感数据处理
Spire	气象卫星应用服务	自建站：自建 20 个地面站，组成地面网络接收卫星数据
Blue Origin	亚轨道运输服务	发射测控购买军方服务

商业航天测控模式可以归纳为 2 种：一是自行建站完成测控，如美国轨道成像公司、Oneweb、Spire 等都采用这种模式；二是购买测控服务或完全委托其他单位完成测控，如 SpaceX 的发射和在轨运行测控，Blue

Origin 的发射测控采用这种模式①。

目前，从国内外情况看，测控资源（包括地面站和控制中心）的隶属关系有 3 种。

一是作为国家基础设施，由政府和（或）军队直接管理。如 NASA 航天跟踪与数据网（STDN）、美国空军卫星测控网（AFSCN）、欧洲航天局航天测控网、俄罗斯国家测控网。这类设施涉及国防安全，也代表了国家实力，是发展航天必需的基础设施。

二是地面站组网，隶属国际组织。如海事卫星组织原是一个提供全球范围卫星移动通信的政府间合作机构，即国际移动卫星组织，国内习惯简称其为海事卫星。1999 年，海事卫星组织改革成国际商业公司——国际移动卫星公司。海事卫星组织有 2 个控制中心，主站在 City Road，备站在 Boreham Wood，8 个测站分布在意大利、中国、加拿大、新西兰、美国、荷兰、挪威、俄罗斯。截至目前，海事卫星组织共管理 11 颗卫星。

三是大型公司拥有相应的地面站和控制中心。分为 2 类，一类是公司拥有自己的卫星，建立相应的地面站网络，如我国风云、中国卫通等公司拥有各自的运控网，这类测控网仅支持行业专业卫星应用，不支持其他民用卫星测控，卫星应用只面向特定服务对象。另一类是公司建立地面站网络，可面向所有卫星提供服务。

从国内发展情况来看，为满足我国通信卫星、遥感卫星、导航卫星、载人航天等工程任务需求，我国先后建成了超短波近地卫星测控网、C 频段卫星测控网和 S 频段航天测控网等功能完备的测控系统，圆满完成了多颗航天器发射返回、在轨运行等测控任务。

同时，我国打造了强大的海上测控系统。海上测控是在海洋上完成

① 徐爱民、张国亭：《对我国商业航天测控管理有关问题的初步探讨》《飞行器测控学报》，2017 年第 3 期，第 157~163 页，DOI：10.7642/j.issn.1674-5620.2017-03-0157-07.

对运载火箭、航天器的海上测控任务。由于地面测控站受限于地理位置，不能实现对运载火箭、卫星、载人飞船等航天器的全程跟踪测控，因而如果要保证航天器的关键弧段和较高的测控覆盖率，就需要通过在海洋上设立可移动的测控点来加以解决。海上测控最大的优势即可以实现自主灵活的测控，而劣势则是造船的费用较高。

商业航天的兴起，导致在轨商业卫星数量呈爆发式增长。面向未来商业航天的兴起和发展，我国航天测控系统适应新的任务需求调整服务模式，提供更加高效、便捷的测控技术服务。

（四）人员培训

部分商业客户尤其是国际客户由于航天基础薄弱，在短时间内并不能具备自主运营的能力，因而在购买卫星时，要求附加人员培训服务。在近些年的发展进程中，一个明显的趋势是新兴国际客户希望通过采购卫星，掌握自主测控卫星能力，甚至希望更多的获得自主研制、设计飞行器的能力，因此为其提供全方位的人员培训将能更加满足客户的需求。其实，这也是航天市场的拓展，不仅满足客户需要，而且在培育市场。

长城公司除了提供有竞争力的国际商业发射服务外，一般还会打包提供相应的人员培训，向客户对象提供技术培训或学位教育，包括卫星基础及卫星设计培训、卫星地面站操作和维护培训、卫星系统业务运营与管理培训、能力延伸与拓展培训等；人员培训主要依托北京航空航天大学、中国空间技术研究院神舟学院等中国国内相关专业的高等院校或院所进行，开展相关专业培训课程。培训课程主要包括卫星工程、卫星运营、地面工程以及航天基础知识。

表 7-3　长城公司提供培训服务一览表

服务类别	服务内容
使用培训	包括四个阶段：第一阶段是卫星基础知识培训，第二阶段是基本能力培训，第三阶段是地面系统出厂验收后培训，第四阶段是在站培训
能力培训	为用户提供定制化技术转让培训：了解某一专题产品的基本原理、生产装配过程，甚至提供生产装配图纸
学位培训	北京航空航天大学硕士课程，英文授课，学制 2 年半； 哈尔滨工业大学硕士课程，英文授课，学制 2 年半； 武汉大学硕士课程，英文授课，学制 2 年半； 北京航空航天大学博士课程，英文授课，学制 3 年半； 哈尔滨工业大学博士课程，英文授课，学制 3 年半； 武汉大学博士课程，英文授课，学制 3 年半

三、发射服务的策略研究及思考

商业发射服务及系统服务，面临诸多挑战。随着商业航天的兴起，一些公司纷纷踏足航天领域，特别是运载火箭制造领域，必然会争夺发射服务市场。根据我国商业发射服务能力，以及结合国际市场现状，为提升我国国际服务能力，可从如下几个方面入手。

（一）航天发射服务涉及国家安全，必须高度重视

商业发射服务是专业性很强的业务，不仅需要较高的专业技术作为支持，还需要具备相当的经济实力和抗风险能力，保证合同能够顺利履约。为国际市场提供商业发射服务涉及国家信誉问题，同时火箭发射和管控也关系到国家安全、国家政策和出口限制等多个方面。

在国际上要坚持唯一授权，长城公司每项服务都得到正式批准后才按要求准备合同。航天发射服务涉及国家安全和国家许可，每次发射又

涉及落区意外理赔，国家应该加强统一管控，确立唯一对外接口，确保高质量地为国际客户提供相应服务，维护国家形象。

在国内要有准入条件，政府要加强监管，设立一定的准入门槛，承研企业不能是皮包公司。长城公司是中国航天科技集团有限公司的全资公司，航天科技集团公司有强大的运载能力，得到其合同授权，也就相当于有运载能力。

（二）加强商业发射服务统筹管理

商业发射服务是市场行为，有市场就必然会有竞争。竞争分为良性竞争与恶性竞争、外部竞争与内部竞争，为促进我国商业发射服务的竞争力提升，需要加强内部的统筹管理。目前国内的火箭制造商主体为航天科技集团公司，火箭研制方面有国家专项投资支持。近些年来，有多家民营企业依靠社会资本，凭借自身对火箭研制的部分技术基础，也想进入商业发射服务领域。企业经营者以盈利为目的，无论从事何种领域，都是追求资产的保值与增值，社会融资的使用较为灵活。国有企业与民营企业不同，国家对其投资目的性更强，是为了提高国家实力和人民的生活水平，使用的方向更为固定。这就决定了国家资金扶植的国有企业不能依托市场手段来抢夺市场份额。例如，企业经常会以“价格战”为手段，扩大自己的市场占有量，从而依托资本优势消耗对手，以达到市场垄断的目的。而利用国家资金，通过降低生产成本的价值，利用低价竞标占有市场是对国家资金的不负责任。但企业需要依靠市场手段实现最终盈利，如果没有投资回报率，既对股东不负责任，也不利于金融市场交流。因此，政府需要加强该领域的统筹管理，避免内部的价格竞争，同时也要有盈利空间。如果没有投入回报，会冲击航天产业链，不利于航天强国建设。

国内其他行业有类似案例值得中国航天借鉴。比如，中国南车集团公司（简称南车）和中国北车股份有限公司（简称北车）在开拓国际市场时，形成了严重的在国际市场的国内企业竞争，无序的内部“价格战”，不仅没有提高我国机车车辆的制造水平，反而使南车和北车两家公司大伤元气。之后国家对南车与北车进行合并，旨在发挥协同效应，通过整合两家公司各具优势的销售和市场资源、产品开发和技术研发能力，共同打造一家大型综合性的产业集团，全面提升竞争优势。在海外市场，合并后的新公司——中国中车公司充分统一品牌形象，集中双方优势参与国际竞争，加快构建全球化产业布局，以统一的海外市场策略，统筹优化国际化经营格局。以此为启示，中国航天也应对外统一出口接口，统筹资源和销售渠道，加强市场销售，全面提升竞争优势。

在激烈的国际市场竞争中，中国商业航天在国际上立足并稳定发展，得益于政府的支持和唯一的对外渠道。在国际化的商业航天浪潮中，为预防今后再次出现南车、北车的类似情况，国家应在国际商业航天发射服务上坚持统一管理，授权唯一能代表中国航天发射的服务商。长城公司在国际商业发射市场中，通过多年努力，取得了广泛的国际认可和客户好评，拥有了相当的产品实力和品牌效应。长城公司作为我国唯一的发射服务对外接口，应确保市场统筹规范，保持国家市场安全和国家信誉不受损毁。

（三）加强全球测控建设

中国构建了世界上最强的海上测控能力，具备灵活、自主等优点，但每次出海的远洋费用成本较高，致使我国的测控成本居高不下。为建设航天强国，降低测控成本，建立全球陆基测控网是必须的，同时应制定相应政策扶持企业，通过国外建站或与国外合作建站，提升全球测控能力，在有条件时形成多国多地的备份，构建中国安全全球测控网。

一是促进航天测控对商业资本开放，军/民用航天测控、商业航天测控等多元化测控模式并存协调发展，降低测控成本，提高测控服务效率。对商业中低轨卫星，商业公司自建测控网投资过高，可选择购买国外商业公司测控服务或利用国家航天测控网完成测控支持。国家应进一步促进天基测控对民营资本的开放，提升我国商业航天的基础环境和服务能力。鼓励商业公司适度自行建造任务中心和测控站，扶植企业进行世界组网测控。通过制定相应的政策，扶持企业进行国内和海外自行建站，自行保障商业卫星在轨飞行控制。一方面通过全球建站商业公司可结合自身应用业务自行进行卫星自主测控，另一方面通过国外建设一定数量的测控站可以提升全球测控能力，从而构建全球测控网。

二是加强国际合作建设，加强商业航天测控地面站国际合作。合作的方式多元化，但必须有自身的优势强项，可以开放国内的几个测控站与国际联合成立相对固定的全球测控网，也可以在境外自行建站与国内站组网，构成全球陆地测控网，还可以与当地政府合作，开展地面站国际合作，联合建站。境内站与海外站相互支持，有条件时形成各国的备份。业务专属卫星任务中心可通过技术改进，支持对外联网运行，同时针对商业卫星的健康状态，可直接发送卫星测控中心。此外还应对商业卫星的测控流程和接口进行标准化设计，以支持对外联网。

（四）支持保险的开放

由于航天高投入高风险特点，20世纪一度迫使国际上多家民营保险公司退出航天领域。当前，航天保险业基本处于停顿阶段，私营和民营保险公司基本不再涉足航天发射保险，转而从事有关航天发射准备和辅助性的责任保险，航天活动中的主体性保险基本转由国家或国家指定的保险机构或金融机构进行保险。商业航天的相关保险通常并非由一家保险公司独自承保，而是由国际上多家保险公司联合承保。随着航天发射实践经验的日益丰富、航天发射技术的日益完善，以及相关保险政策的逐步倾斜，将逐渐有更多的私营和民营保险机构涉足航天保险。

在现行的国际航天保险机制下，结合商业航天未来发展趋势，我国商业航天保险应持更加开放的态度，国家应该一方面积极支持商业航天公司参保，通过合理评估，由我国保险公司为其提供服务；另一方面也要支持中国的保险公司走向国际市场，参与国家联合保险活动，为国际客户提供优质的保险服务。

此外，对商业保险还应给予更加灵活的政策。由于航天是高风险领域，保险额度较大，费率随成功率在不断调整。以前曾有发射成功后保险费返点的做法，其实这是非常合理的，这些返点应作为参与卫星研制、运载发射、发射测控人员的奖励，是他们的付出和认真工作，保证了工程的成功。这是对员工的奖励激励，更是正向的鼓舞。

第八章　中国商业航天策略研究及思考

当今全球商业航天蓬勃发展，航天市场越来越大，一些航天初创企业先后涌向航天领域，给航天带来活力，促使航天发展推动变革，提升航天产业的创新力。随着我国航天事业的不断进步，中国航天走商业化、国际化发展道路，成为必然趋势。

当前，国家正在大力推动全面深化改革、供给侧结构性改革、军民融合发展、创新驱动发展，处于以“互联网 +”为代表的信息产业变革的关键时期。面对全球商业航天突飞猛进发展新态势，有必要面向国内外市场，深入思考和探索商业航天发展战略，谋划布局，规划路径，拓展空间，扩大应用与服务领域，促进中国商业航天快速、有序、可持续发展。

当今市场错综复杂，在市场经济模式下，产业链受利益驱动愿意并易于重构。价值链促使技术创新降低生产成本，引导市场，如不能实现价值链闭环、资产增值，则自然被市场淘汰。资本链为产业链发展、价值链增值，提供了放大手段，但当价值链破裂时也会放大资本链危机，严重时会产生经济危机。在市场经济模式下，企业也更加重视知本，把知本与资本同等重视，充足的资本也会促进知本的涌现。

在市场经济模式下，政府还可通过政策进行规范、引导、监管等手段，使市场平稳有序地向前发展；企业应研究适应市场在满足用户需求下使价值链增值。

一、商业航天政策概况

（一）基本政策简述

《外空条约》作为早期的有关外层空间的国家条约，从当时的科技和法律发展水平出发，对许多关于空间活动安全和空间环境安全的问题，做了原则性规定。

《月球协定》在空间环境安全方面有一些重要规定，对保护以月球为代表的其他外空天体资源开发的环境保护，提供了一定依据。针对近年来一些新型商业航天活动，如小行星采矿、太空旅游等，《月球协定》对其进行相关活动保护月球环境，提供了法理依据。

《空间物体所造成损害的国际责任公约》规定了责任主体为发射国、共同发射国责任、损害赔偿责任及其归责原则、求偿的方式和程序，提出赔偿要求的途径、期限和手段，以及求偿委员会。该公约通过规定发射国的系列责任及被损害方的求偿方式和程序，对一国的航天活动进行规范。对商业航天器来说，在发射过程中及发射后对他国的商用或非商用航天器造成了损害，可以根据公约的规定和程序，要求取得赔偿。

该公约中对发射国、登记国、外空物体等基本概念进行了定义。公约对登记国的义务作出了规定：空间物体登记需要提供外空物体的信息，以及对信息更新等要求；公约通过规定系列关于空间物体登记的基本定义和程序，对联合国要求的发射国所发射的空间飞行器的登记进行了规定。对于商业飞行器来说，还需要根据公约要求进行相应登记。

《各国利用人造地球卫星进行国际直接通信广播所应遵守的原则》为各国利用通信卫星进行国际直接通信广播活动，提供了法理依据，保证了其应有的基本权利，促进了国际合作。同时规定了进行卫星直接通信广播所应承担的义务，以及遇到相应争议事项的解决途径等。

《关于从外层空间遥感地球的原则》为各国太空遥感地球提供了法理依据，保障了其应有的基本权利，同时规定了遥感国在从事遥感活动时所应承担的义务，以及被遥感国所能享有的权利等。

《关于空间资产特定问题的决议书》通过为债权人创设“国际利益”，设立相应的国际登记，详细规定违约救济、破产救济和优先权等问题，为债权人提供一套统一的、高标准的保护制度。对商业航天来说，该决议书为我国商用空间飞行器资产金融化提供了法理依据，有利于进一步明晰空间资产产权。同时决议书为我国航天企业依托现有的空间资产进行抵押、融资、拍卖、租赁等，提供了国际法依据。

其他正在谈判的软法包括《太空长期可持续倡议》（LTS）、《防止在外空放置武器和对外空物体使用或威胁使用武力条约》（PPWT）等，从目前看，影响较大且和商业航天比较相关的软法主要是 LTS。如在空间活动方面，LTS 的准则 4 提出要“确保公平、合理、有效利用无线电频率频谱和卫星所用各轨道区域。各国应特别注意空间活动的长期可持续性和全球可持续性发展，便利迅速解决已查明有害的无线电频率干扰等”。准则 5 和准则 6 提出“提供空间物体登记信息”和“加强登记空间物体的实践”等。

（二）美国情况简介

作为首屈一指的世界航天强国，美国从 1958 年颁布世界首部《国家航空航天法》到 2010 年在《美国法典》中增设“国家商业航天项目”专编，其成熟的航天法律体系不仅有效保障了美国航天活动的有序开展，也直接描绘了商业航天发展图景，培养了一个新兴产业，甚至很大程度上引领、影响了国际空间法律体系的构建和发展方向，展现了美国对新生事物的综合治理能力和国际影响力。

美国是世界上最早开展航天商业化利用的国家，也是商业航天政策法规最为完善的国家。美国的商业航天活动主要是私营企业根据相关法律法规，按照市场运行规律以及相关的国际协定开展商业活动。为保障国家国防安全和经济利益，规范和促进外空的商业化利用，引导商业航天健康可持续发展，美国政府制定规范商业航天发展的系统性法律文件《商业航天法》，以及方针指导性文件《国家航天政策》，同时出台了几乎涵盖所有商业化应用领域的政策法规，并随着商业航天发展的深入，进行持续的动态调整与完善。

表 8–1 美国颁布的商业航天法和航天政策

序号	法律名称	颁布时间	基本内容
1	《国家航天政策》	1988 年	首次将国家航天活动分为民用航天活动、国家安全航天活动以及商业航天活动三类，为之后美国航天活动的进行提供了科学、实用的框架
2	《国家航天政策》	1989 年	成立国家空间委员会负责政策的调整、评估以及与苏联的合作，扩大了政府鼓励商业航天活动的范围，新增了产品技术管控、知识产权保护、公益应用等方面的内容
3	《国家航天政策》	1996 年	重申了美国对于商业化空间活动发展的应尽职责
4	《商业航天法》	1998 年	以促进空间商业化为宗旨，对相关术语进行了明确界定，详细阐述了国会在商业领域发展外层空间事业的意愿，对空间站、卫星定位、遥感、商业航天发射等内容做了具体规定
5	《国家航天政策》	2010 年	明确了美国航天活动的最新原则、目标和方针，一方面强调国际合作，放弃单边政策，另一方面致力于航天活动的商业化发展

续表

序号	法律名称	颁布时间	基本内容
6	NOAA《商业航天政策》	2016 年	指定航天商务办公室作为一个单一入口，为商业供应商精简流程，使其更容易参与；建立一个开放和透明的市场；定义了指导原则、实施注意事项以及潜在商业数据购买的战略规划；建立示范项目用于测试和评估潜在的新数据源，并提供一个商业数据购买操作途径

在航天发射领域，美国先后颁布了《空间商业发射法案》（1984 年）、《商业空间法》（1998 年），小布什、奥巴马任期内发布的《国家航天运输政策》和《美国国家航天政策》，美国众议院最近通过的《2015 年关于促进私营航天竞争力、推进创业的法案》和《商业航天发射竞争法案》等，为商业资本参与航天活动，提供了更多的机会和保障，对商业航天的发展起到了积极的推动作用。

在卫星通信领域，美国先后制定了《通信卫星法案》《电信法案》《轨道法案》等，鼓励商业卫星通信发展，促成建立完全竞争的全球卫星通信市场。

在卫星遥感领域，美国先后颁布了《陆地遥感商业化法案》（1984 年）、《陆地遥感政策法案》（1992 年），试图逐步实现陆地卫星的商业化。之后出台了《商业遥感政策》（1994 年）、《国家商业遥感政策》（2003 年）、《2014 年情报授权法案》（2014 年），逐步放宽了政府对高分辨率遥感数据的管控，允许私营公司发展高分辨率商业遥感卫星并销售分辨率优于 0.25 米的遥感图像。

在卫星导航领域，美国先后出台了《全球定位系统政策》《美国天基定位、导航和授时政策》，为国家安全以及民用、科学和商业应用，制定天基定位、导航与授时计划，并为相关活动提供指导与执行指南。

在载人航天领域，美国发布了《国家航天运输政策》（2013 版），鼓励私营企业加入近地轨道的载人航天活动，明确了未来将由商业部门提供美国近地轨道载人和货物运输服务。

从法律法规体系而言，作为法治国家的典范，美国在商业航天领域也形成了一套完整的保护知识产权、反垄断、保护劳动者的法律法规体系，并涵盖了发射、卫星、元器件制造等各个方面。

在战略部署方面，2015 年 10 月，NASA 提出了美国即将迈入“太空 2.0”的观点。NASA 认为，在“太空 2.0”时代，太空开发不再仅由政府主导，还应由政府、私营企业、科学技术界、公众共同推动，每个角色都将发挥其独特且必要的作用。NASA 强调众包、众筹等研发模式在新太空时代具有重要意义。

（三）欧洲情况简介

欧洲尚没有独立的商业航天相关政策与法律法规，但在有关的航天政策和策略措施中提到了支持商业航天发展。

欧洲整体的航天政策法规体系由在欧盟共同安全与外交基础上形成的法律法规体系、欧洲航天局政府间的法规体系，以及欧洲整体相互协调形成的统一的欧洲航天政策所构成。其中涉及商业航天领域的政策法规主要包括《欧洲空间政策》绿皮书、《欧洲航天政策决议》以及《地平线 2020 计划》。

表 8–2　欧洲颁布的商业航天政策法规

序号	法律名称	颁布时间	基本内容
1	《欧洲空间政策》绿皮书	2003 年	提高欧洲在空间领域地位的适用措施、优化欧洲的空间技术开发力量，大幅度提高欧洲空间技术研究力度，改善相关机构运作框架

续表

序号	法律名称	颁布时间	基本内容
2	《欧洲航天政策决议》	2007 年	建立更好地协调欧盟、欧洲航天局及其成员国之间航天活动的机制，最大程度地发挥投资价值，避免难以支持的重复研制，从而满足欧洲的共同需求
3	《地平线 2020 计划》	2010 年	要求欧盟所有研发与创新计划聚焦于三个共同的战略优先领域：基础科学、工业技术、社会挑战，其中在工业技术领域提出要撬动风险投资，激励研发和创新领域的私人投资和风险投资；实施中小企业创新计划，促进各类中小企业进行各种形式的创新

在战略部署方面，欧洲航天局自 2015 年以来，多次提到“太空 4.0”概念，指出在“太空 4.0”时代，政府主导的计划、私营企业参与的项目、太空旅游业将相互交叉融合，新兴主体大量参与，航天应用与社会互动日益频繁；参与航天活动的国家不断增加；商业化趋势明显。欧洲航天局提出未来的太空活动将越来越多地考虑技术以外的因素，更加重视航天任务与科学、工业、政治和社会的互动。

（四）中国情况简介

目前，国内还没有顶层航天法，也缺少专门的商业航天相关政策与法律法规，针对商业航天发展的相关政策条文散见于国家政府机构出台的相关文件。

2013 年 10 月，国务院发布《国家卫星导航产业中长期发展规划》，提出以企业为主体，以掌握核心关键技术、培育服务新业态、扩大市场应用、提升国际竞争力为核心，确定了六方面重点方向和任务，实施五大重点工程。

2014 年 11 月，国务院 60 号文件颁布了《国务院关于创新重点领域投融资机制鼓励社会投资的指导意见》，第二十四条提出“鼓励民间资本参与国家民用空间基础设施建设。完善民用遥感卫星数据政策，加强政府采购服务，鼓励民间资本研制、发射和运营商业遥感卫星，提供市场化、专业化服务。引导民间资本参与卫星导航地面应用系统建设”。开启了民间资本参与国家民用空间基础设施的大门，吸引了更多的人才和资源投入到商业航天尖端领域。

2015 年 10 月，国家发展改革委、财政部、国防科工局联合印发《国家民用空间基础设施中长期发展规划（2015–2025 年）》，指出要发展固定通信广播卫星和移动通信广播卫星，同步建设测控站、信关站、上行站、标校场等地面设施，明确支持民间资本投资卫星研制和系统建设，增强发展活力。

2016 年 5 月，国家发改委发布《关于实施制造业升级改造重大工程包的通知》，将“商业航天产品发展工程”作为 10 大重点工程之一位列其中。

2014 年 1 月，国务院发布《关于促进地理信息产业发展的意见》，明确将地理信息产业列入国家战略性新兴产业。

此外，以吉林省、武汉市、深圳市为代表的地方政府也相继出台了鼓励商业航天发展的相关政策。

二、发展思考

中国实行社会主义市场经济体制，具有自身的独特特点，中国商业航天发展也要遵循社会主义市场经济发展规律，国有企业和私有企业并存。在目前阶段，中国航天的发展更多的是以国企为绝对主导，国企在确保完成国家指令任务的同时，还要保证资产的保值增值，还肩负着保证社会稳定的责任，同时必须严格遵守国家一系列规章制度，包括薪酬制度、管理制度等，并非完全以盈利为目的，成功永远是第一位的，与政治高度相联，严格按照中国特色社会主义市场经济规律运行。民营企业和国有企业相比，其在管理模式、资金来源及使用等方面都更为灵活。在保成功和控制金融风险上，虽然二者高度相关，但民营企业更重视控制金融风险。

（一）调整政策开放产业链

产业链是指经济活动中，从事某一产业经济活动的企业之间由于分工角色不同，在上中下游企业之间形成的经济、技术关联。产业链是一个产业成长发展的必然产物。

我国的国防工业是从指令计划发展，逐渐进入市场，早期形成了每个行业的主管部门，如航天部、航空部、兵器部、电子部等。政府主管部门随改革逐步变为每个行业的国企并成为该行业的主力和较为封闭的产业链，任务分工多为行政划分，并要保证行政体系内企业的生存，先内后外，形成了大而全、小而全的特点。由于国企的特点，国家资本投入自然倾向于国企投入。

从国家政策而言，为促进商业航天发展，需要减少行业壁垒，允许航天企业进入其他行业，而其他非国营企业也能进入航天行业。中央要求军民融合，研究激活产业活力，使具有先进技术的制造企业进入，克服小而全、大而全造成的弊病，避免重复投入。要研究国企之间原有的分工，慎重考虑是否允许国企跨行业经营，形成国企间的竞争。国企是国家的投资，恶性的内部竞争是对国有资产的不负责任，但也需要引入内部创新、良性竞争的动力，带动产业发展，提升国际竞争力，加快航天强国的建设。还要研究政策，给国企松绑，使之能减少束缚，按市场变化调整产业链。

从企业发展而言，企业要形成和提高自己的核心能力，根据自身基础和实力，准确定位自己在产业链所处环节，评估自身长于设计、制造、运营的哪一部分，但无论处在哪一环节，都需要培育自身的核心竞争力。同时，要解放思想运用市场观念，注重以价值链分析等方法优化产业链，要重视知本，使之强强结合，从而加强产业链的增值能力。

在一些市场经济发达的先进国家，由于其基础工业发达，一些企业专注于某些特定领域的局部，并能将其做大做强，能够充分保证产品进度与产品质量，这些外部环境使航天产业链易于重构。为了形成这样的工业环境，就需要政策和机制等多个层面提供保障。

（二）重视发挥价值链作用

价值链本质是指由一系列企业为了满足顾客需求的活动组成的价值创造的动态过程，注重价值创造，涵盖企业设计、采购、制造、运输、销售、售后的整个链条。市场通过价值这一“无形的手”进行调节，是调整商业航天的有效手段之一。

从国家政策而言，国家在研究商业航天政策时应结合市场调研，通过价值链分析研究策略，并充分利用价格进行调控，对核心的产业进行价格或市场保护，对新兴的航天市场进行扶植。例如在导航领域，为扶植北斗导航系统而规定国产导航定位必须兼容北斗导航定位系统；又如在航天基础实验设施上，国家扶植每年给予一定的维护经费，这些都是有实际政策和经济保障的扶植行为。

从企业发展而言，应充分重视价值链分析，在内控上通过价值链分析降低成本，在对外时向价值链增值较大处发展，或调整优化产业链，使价值链增值。

航天高技术特性决定了其靠“价格战”获得市场，不利于企业积累资金研发航天高技术发展，毕竟现有的航天市场规模还非常有限，特别是大客户在挑选服务提供商时，更应在鼓励竞争的同时保护企业，使其能够有资金有意愿持续投入创新发展，如果仅以价格为竞标依据，实则目标短浅。

（三）重视知本鼓励创新

资金链是指维系企业正常生产经营运转所需要的基本循环资金链条，即“现金—资产—现金（增值）”的循环。而知本即知识资本。复杂的航天工程中涉及多方面技术，航天创新不是简单的涉及一个创新点，而是围绕一理念的众多不同方面创新点的集合；不是涉及几个人，而是依靠团队的力量；知本链是把知识与资本同等看待，甚至看得更为重要，有好的创意就不难筹集资金。

从知本链的角度看，航天的特点是先期投入大、涉及知识领域广，而且很多核心技术都受到保护。构建知本链时可基于产业链，并对产业链进行细分，分析在其每一环节的“知识”及所需资本。将“知识”和资本逻辑连接起来就构成知本链。在分析知本链时，如果某一环节其知本不足而所需资本很多，则要考虑是否要优化产业链布局。分析知本链能够判断需要什么样的人才、构建什么样的团队和核心实力，分析主要矛盾是什么、风险在哪里、所需经费如何筹措，以及经费的走向如何等。

三、结束语

总体而言，从产业链、价值链、资本链、知本链的方法分析商业航天之特点，在我国传统的航天管理体系下，往往行政部门决定产业链，再围绕产业链形成价值链和资本链。如果技术缺乏，则可以集智攻关，可以进行全国大协作，政府给予投入以保障任务；可以“土法上马”，要全力争取“定点”——进入产业链。而在传统的商业市场中，多是围绕价值链形成产业链和资本链，这种说法虽不完全准确，但反映了市场追逐的是利益。随着社会财富的累积、科技的发展，社会资本已不再是制约性的问题，而科技发展常以颠覆性的方式带来新的问题解决方案，甚至带来全新的视角，产生可观的价值。在今后的商业市场中，围绕知本链形成资本链和产业链，并探索价值链的模式已初见端倪。

无论商业航天、军民融合、供给侧改革都会涉及产业链的优化，因此要解放思想，配套保障制度，开放产业链，要通过市场的手段进行调整，充分重视价值链，引导产业链优化、知本链创新。航天是高技术领域，商业航天决不是低端的重复、低价的比拼，而应是技术创新引领的进步和成本的降低，在不断满足市场需求和通过创新模式驱动市场需求的互动下快速发展。商业航天之热，是航天市场不断扩大的反映，市场需求增加必然促进航天的商业发展。要在商业航天大潮中激流勇进，不仅要勇气，还要有“技术”，以己之强仰望星空拓发展。

参考文献

[1] 王劲峰，徐成东．地理探测器：原理与展望[J]. 地理学报，2017，72（01）：116-134.

[2] 崔平远，徐瑞，朱圣英，赵凡宇．深空探测器自主技术发展现状与趋势[J]. 航空学报，2014，35（01）：13-28.

[3] 史衍丽．第三代红外探测器的发展与选择[J]. 红外技术，2013，35（01）：1-8.

[4] 易克初，李怡，孙晨华，南春国．卫星通信的近期发展与前景展望[J]. 通信学报，2015，36（06）：161-176.

[5] 林明森，张有广，袁欣哲．海洋遥感卫星发展历程与趋势展望[J]. 海洋学报，2015，37（01）：1-10.

[6] 杨元喜，李金龙，王爱兵，徐君毅，何海波，郭海荣，申俊飞，戴弦．北斗区域卫星导航系统基本导航定位性能初步评估[J]. 中国科学：地球科学，2014，44（01）：72-81.

[7] 闵士权．我国天基综合信息网构想[J]. 航天器工程，2013，22（05）：1-14.

[8] 李俊，方宗义．卫星气象的发展——机遇与挑战[J]. 气象，2012，38（02）：129-146.

[9] 潘增富．微小卫星热控关键技术研究[J]. 航天器工程，2007，16（02）：16-21.

[10] 詹亚锋，马正新，曹志刚 . 现代微小卫星技术及发展趋势 [J]. 电子学报，2000，28（07）：102-106.
[11] 杨佳骏 . 我国航天技术军民融合创新系统研究 [D]. 哈尔滨工程大学，2017.
[12] 郭伟 . 航天技术应用产业创新发展的辩证思考 [J]. 军民两用技术与产品，2017（01）：53-56，51.
[13] 李志强，李传宝，林镝 . 国外航天技术国际合作政策分析及对我国的启示 [J]. 科技进步与对策，2004，21（10）：34-36.
[14] 许丽新 . 卫星研制项目质量管理成熟度研究 [D]. 北京理工大学，2015.
[15] 许多 . 航天型号工程项目知识管理研究 [D]. 哈尔滨工业大学，2015.
[16] 李聪，刘阳 . 云计算在航天物流中的应用研究 [J]. 物流科技，2015，38（04）：100-103.
[17] 张成，杨海成，莫蓉，王晓君，陆小蕊 . 基于项目化的航天企业运营管理研究 [J]. 西南农业大学学报（社会科学版），2012，10（12）：17-21.
[18] 郑义兵，汉鹏武，曹志杰，任湘 . 我国航天国际标准现状与发展对策研究 [J]. 中国标准化，2017（19）：56-59.
[19] 雷式松 . 国内外航天标准化概览 [J]. 航天标准化，2001（05）：41-46.
[20] 吕景舜，杨怡男 . 民营企业参与航天技术转化应用势在必行 [J]. 卫星应用，2014（09）：23-29.
[21] 滕永刚，鞠晓峰 . 航天技术扩散的社会经济效益促进研究 [J]. 工业技术经济，2007（09）：76-79.
[22] 潘坚，何继伟，林蔚然 . 航天技术的间接经济效益 [J]. 中国航天，2000（07）：14-17，29.
[23] 朱昕晨 . 航天制造型企业军民一体化发展研究 [D]. 哈尔滨工业大学，

2016.
[24] 黄翔 . 航天产业加速军民融合的思考 [J]. 卫星应用，2014（09）：18–22.
[25] 揭秘全球首颗量子卫星 [J]. 中国无线电，2016（08）：40–41.
[26] 许华醒 . 量子通信网络发展概述 [J]. 中国电子科学研究院学报，2014，9（03）：259–271.
[27] 赵磊，宓东，孙野青 . 载人深空探索中空间辐射风险评估所面临的问题和挑战 [J]. 科学通报，2018，63（16）：1523–1537.
[28] 廖政军 . 美国推进深空探索战略 [N]. 人民日报，2017–03–27（021）.
[29] 张学军，唐思熠，肇恒跃，郭绍庆，李能，孙兵兵，陈冰清 .3D 打印技术研究现状和关键技术 [J]. 材料工程，2016，44（02）：122–128.
[30] 史玉升，张李超，白宇，赵祖烨 .3D 打印技术的发展及其软件实现 [J]. 中国科学：信息科学，2015，45（02）：197–203.
[31] 王文涛，刘燕华 .3D 打印制造技术发展趋势及对我国结构转型的影响 [J]. 科技管理研究，2014，34（06）：22–25，30.
[32] 陈金城 . 波音空客之争：市场战略与营销策略的角力 [J]. 新经济，2007（9）：60–64.
[33] 姜天，张洋 . 基于 SWOT 分析的集团型企业市场营销管理模式研究 [J]. 中国市场，2016（1）：35–37.
[34] 曲晨 . 我国军工产品的国际化营销研究 [J]. 中国市场，2015（40）：20.
[35] 童雄辉，刘谷均，郑永强，等 . 中国航天国际化的战略思考 [J]. 航天工业管理，2008（4）：13–16.
[36] 范晨，于慧，李小龙 . 国外航天公司创新的商业模式案例研究 [J]. 卫星应用，2015（10）：53–59.
[37] 范晨 . 国外航天公司商业模式发展趋势分析 [J]. 卫星应用，2015

（11）：41-43，46，47.
[38] 于淼，戴阳利，张召才．国外商业航天发展模式研究[J]. 卫星应用，2017（1）：23-31.
[39] 许萌．航天国际商业模式研究[J]. 中国航天，2016（2）：23-26.
[40] 原民辉．航天技术与商业模式创新的几点思考[J]. 卫星应用，2015（1）：12-14.
[41] Bruce Elbert，王琦．卫星通信中可管理网络的商业模式[J]. 卫星电视与宽带多媒体，2006（19）：30-31.
[42] 石亚琼．逐鹿太空网络掘金卫星应用——卫星创业公司及其商业模式[J]. 卫星应用，2016（3）：8-15.
[43] 刘薇．PPP 模式理论阐释及其现实例证[J]. 改革，2015（1）：78-89.
[44] 刘世庆，邵平桢，许英明，等．国防科技工业：自主创新的重要引擎[J]. 中国西部，2010（11）：66-71.
[45] 余后满，郝文宇，袁俊刚，等．航天器系统工程技术发展思路[J]. 航天器工程，2009，18（1）：1-7.
[46] 李铁骊．美国商业遥感卫星公司组织管理和运行模式[J]. 卫星应用，2013（3）：52-56.
[47] 张钰莹，吕攀珂．浅谈企业质量管理体系的有效性[J]. 商品与质量，2016（50）：94-95.
[48] 尚志，敬铮，杨晓宁，等．首次空间交会对接项目管理创新实践[J]. 项目管理技术，2012（6）：29-33.
[49] 张家望．提升航天企业核心竞争力的思考[J]. 航天工业管理，2003（3）：7-9.
[50] 张晓强．我国航天产业发展的战略重点与几点思考[J]. 中国航天，2007（4）：3-7，9.
[51] 张曼倩．我国民营企业进入航天领域的困惑与建议[J]. 卫星应用，

2017（2）：49-51.

[52] 徐爱民，张国亭 . 对我国商业航天测控管理有关问题的初步探讨 [J]. 飞行器测控学报，2017，36（3）：157-163.

[53] 杨小亭 . 航天技术应用产业发展公共政策分析研究 [D]. 复旦大学，2012.

外文文献

[54] Carlos M.Entrena Utrilla.Asteroid-COTS： Developing the cislunar economy with private-public partnerships[J].Space Policy，2017，39-40.

[55] Narayan Prasad Nagendra，Prateep Basu.Demystifying space business in India and issues for the development of a globally competitive private space industry[J].Space Policy，2016，36.

[56] Alan Lindenmoyer，Dennis Stone.Status of NASA's commercial cargo and crew transportation initiative[J].Acta Astronautica,2009,66(5).

[57] Yuki Kato.Doing consumption and sitting cars：adolescent bodies in suburban commercial spaces[J].Children's Geographies,2009,7(1).

[58] Hruska， Joel.Virgin Galactic successfully tests re-entry，prepares for space tourism in 2014[J].ExtremeTech.com，2013.

后　记

商业航天已成为航天界的热点话题，参与成员之多、涉及范围之广，都是我国过去航天发展史上罕有的现象。然而究竟何为商业航天，其边界的界定为何，商业航天究竟该如何发展，对此需要以严谨的态度、系统的方法进行深入分析研究。在界定的边界内研究商业航天策略，探讨其发展趋势，正是编写《致知商业航天》一书的重要目的。

本书共有8章，第一章从世界商业航天红红火火表象中希望看到更实质内涵：世界科技发展使人类进入空间更具知识力量；世界经济发展使人类探索空间更具财力；国家的富强使其更加注重国防安全；市场的繁荣更会激发人们的探索欲望。这必然使航天从为国防服务的起源向为市场服务发展，从单一用户和少数供应商向多用户和多供应商发展，商业航天市场已经形成并越来越繁荣，已是发展趋势，必将大有作为。

第二章理清了商业航天的定义：涉及航天领域以市场方式进行的商品交换活动。理想的市场经济中，甲方、乙方是平等的，并不强调甲方、乙方的属性，而是关注公开、公正、公平，关注需求、份额、利益和趋势，也常以商品的属性划定商业领域。在这个定义中，商业航天涵盖范畴广、限制少，更利于策略研究，政策适应性广。将航天领域划分为进入空间、应用空间、航天技术应用、民用技术向航天融合发展、航天服务等五个范畴，这种划分不是绝对的，可有多种方式，本书按这五个范畴划分航天领域是便于归类研究，更具提示性。在本章中也介绍了产业链、价值链、资本链和知本链概念，可作为分析商业航天的工具使用。

第三章简介了运载火箭发展史，将其分为运载火箭创始期、发展期、商业兴起期，之所以这样划分是更能突出每个时期的特点，更易感受到处于创始期的国家或公司，主要需要解决有无问题，而航天大国、强国在市场竞争压力下必须要面向市场，商业将是趋势。在本章中还介绍了国际主流火箭和其制造商的情况，以便读者了解运载火箭市场概况，对运载火箭发展趋势提出了将向重型、可回收、降低成本潮流的方向发展，也对运载火箭市场份额做了预估工作，这些不一定准确，但可以作为思考的版本。在策略研究一节提出运载火箭是航天之本，国家必须重视，开放产业链，逐渐做强。

第四章介绍了空间设施制造与空间应用，这是航天领域的核心，正是空间的应用越来越广泛，创意越来越多，带动了航天市场蓬勃发展。空间应用范畴非常大，分类方式也很多，在本章中重点对通信类空间设施、导航类空间设施、遥感类空间设施、载人空间设施、科学探索类空间设施进行探讨，从空间设施制造、发展趋势、空间设施运营等做了分类简介。通过价值链的分析，通信卫星产业的价值链基本能够在市场中形成增值的闭环获得盈利；导航卫星的空间设施运营价值链没有形成闭环盈利，但其国防和公益的重要性使政府出资保其运营，而其下游的应用又带动了巨大的市场，使 GDP 增长税收增加；遥感卫星产业价值链从目前市场运营情况看还没有形成闭环盈利，仍在积极探索。本章针对价值链仅是定性分析，提供一种思路方法，理想中政府和企业都应通过价值链的数据分析进行导向和决策。

第五章阐述了航天技术应用，在实施复杂的高技术航天系统工程中必然带动理论提升、技术创新、管理进步、制造和试验手段的升级等，将这些进步向其他领域扩展可统称为航天技术应用。在本章中列举了一些例子，其实在实施航天工程过程中，产生了大量专利和质量管理的标准，将之应用、推广会产生效益，促进社会进步，是航天技术回馈社会大有可为的一个范畴。从产业链分析航天技术应用是非航天主产业链上的，要能进入其他行业的产业链，在策略研究中提出要减少行业间的行政壁垒。另外要重视知本，调动人员的积极性，培育航天技术应用的主动性。

第六章概述了民用技术向航天拓展，使之成为空间应用产业链的一部分。本章列举了几个例子，想说明原本在地面区域发展很好、需求旺盛的技术应用，如再开扩思路，仰望星空和航天结合，或许会得到更大的发展。与航天结合或进入航天领域，一定要有自己的知本（强项），要以自己的强项作为知本，以己之强项进入航天并在航天领域中发挥、发展其强，若无己之强或不在己之强上发展，仅是模仿，从头开始必然要费更大力气。把民用技术向航天拓展单作一章，是强调航天领域扩张来自内部，同样也源于外部的需求，正是这些需求牵引使航天市场越来越大。谨此提示以己之强，仰望星空拓发展，大有作为。

第七章梳理了航天发射及系统服务，介绍了发射服务、航天保险、测控服务、金融及培训等基本情况，这一部分可以说是适应市场需求，采用商业模式发展与运营。在本章中简要回顾了中国航天进入国际商业航天所走过的历程及取得的成果。中国航天能在国际市场中占有一席之地，离不开中国政府支持，同时要有性价比高的航天产品做支撑。在运载火箭进入国际市场后又推出中国制造的卫星，使运载火箭与卫星比翼齐飞，组合开拓国际市场，并相应开展了培训服务；要依靠高效的组织，克服困难，按期发射交付，做到信守诺言；要有归一的渠道，集国内优势向国外航天强势竞争，避免了国内的价格混战，在这点上对比南车、北车之经验教训有很大的启迪。通过这些总结应坚持成功的经验和做法，并不断完善，在国内激活市场，在国际上坚持统一渠道，涉及航天的重要性必须要保证国家安全性，维护国际信誉，保护企业利益。

第八章提出了对中国商业航天策略研究及思考，航天已从国防起源发展到为人类服务，社会的需求大众化，市场的份额越来越多，航天市场已具规模，进入市场必然是商业模式，可以说商业航天是市场的产物，将大有作为。本章参考了中国航天科技集团有限公司内部文献简介了美国、欧洲等商业航天政策概况，也从产业链、价值链、资本链、知本链上着手做了一些探讨，谨此提供一种方法。

编写过程中，本书作者结合自身长期以来的工作研究领域，认真梳理了商业航天发展的历程与现状，对商业航天产业链各环节进行了细致的剖析与思考。感谢中国航天科技集团有限公司宇航部、中国航天工业科学技术咨询有限公司、北京空间科技信息研究所，感谢本书编辑黄莘，感谢中国宇航出版社对本书的大力支持及帮助，特别感谢高军、董路、张鑫伟、杨怡男、田莉、周一鸣、李志阳等专家对本书编写工作的持续关注和支持。感谢程广仁总裁提供的鑫诺公司的相关资料，感谢为本书提供宝贵参考资料和重要相关产业数据的多位业内人士，感谢为本书提供支持和指导的多位专家。再次感谢各位撰稿人的鼎力支持。本书中的诸多观点仅代表个人观点，受编者水平所限，书中不足之处在所难免，敬请学者同仁不吝赐教。

最后再次借本书感谢为中国航天事业发展作出贡献的每一位航天人，感谢持续关注、热爱中国航天的企业家及航天爱好者，希望我国的商业航天发展越来越辉煌。